U0142842

國小諮商
實務與案例分析

邱珍琬 著

✳ 自 序 ✳

請你了解我——我在國小諮商的體驗

這一本書是在國小擔任諮商義工時所發想。我之前與國小學童接觸的經驗只限於督導大四諮商實習與臨床個案，後來因為附近某國小缺乏輔導教師，但同時又有許多學生與師長需要協助，於是我便開始到國小擔任義務諮商師。這一年的經驗，讓我有機會接觸到許多國小學童，也很高興他們願意把我當成一位可以談話的朋友，把心事或是擔憂的事與我分享。

在完成《小學生諮商》一書之後，我認為應該要有更具體的案例協助準諮商師或輔導教師，因此有此書的誕生。本書呈現的方式是以案例為先，然後以案例分析的方式呈現，也提出我對於此案的介入觀點與理由。

邱珍琬

❋ 目　　錄 ❋

爸媽會不會不要我？

輔導老師告訴我，一位小一的男生主動要來跟我說話，當時我真的嚇了一跳！難道在此工作半年，諮商工作已經有此「績效」？還是有更嚴重的問題必須要面對？

瘦小的小偉出現在我的諮商室時，我還有點擔心自己能不能了解他帶來的問題？輔導老師只是說：「他擔心父母親不要他。」其餘都沒有多做說明。小偉出現時，逕自坐下低睎，於是我展示諮商室裡的許多玩具，詢問他想要玩什麼？他看到那一隻魔球，我就教他怎麼玩。然後我就進入正題，因為不知道該怎麼婉轉問，於是我就單刀直入：「你告訴張老師說怕爸爸媽媽不要你？」小偉點點頭。

「你有沒有問過爸爸或媽媽？」我問，他點點頭。我接著問：「小偉為什麼會擔心爸媽不要你？」

「因為他們沒有回來。」他說。

「是今年過年沒有回來？還是平常也沒有回來？」我問，因為新學期剛開始。

「我有打電話問他們。」小偉道。

真是太好了！於是我問：「你怎麼問的？」

「我打電話，問他們你們如果沒有回來？」他說。

「所以你沒有說『我擔心你們不要我』？」

　　小偉點點頭。後來小偉說今年過年雙親回來過，他也收到壓歲錢，只是還是擔心爸媽不要他，他說也不敢跟弟弟說，怕弟弟告訴阿公。我後來才知道小偉與六歲的弟弟都不是婚生子女，母親與男友生下兩兄弟，沒有辦理結婚登記，就因為工作關係，把兩兄弟交給娘家父母親養育，偶爾假期會回來，次數不多，但是家人還是可以連絡到她。

　　原來他曾經以手機詢問過在外地工作的媽媽，但是沒有把話說完，可能是因為害怕或是表達能力不足，我請小偉告訴我他是怎麼說的？他說：「我就打電話，喂，媽媽，你們會不會回來？」小偉沒有把他的擔心明確說出來，只是放在心裡面自己擔心焦慮。我告訴小偉，很多的小朋友跟他一樣，爸爸媽媽在外地工作，比較少回家，但是只要小偉想媽媽，媽媽說都可以打電話給他，我也請輔導老師協助轉告。在會談要結束之前，我告訴小偉，下一次我要請他幫我照顧一個也沒有爸媽在身邊的小狗，隔週，我就將一隻狗狗玩偶送給小偉，請他替我照顧，也要小偉有時候想念媽媽時，可以告訴小狗。我告訴他：這隻狗狗父親也常常不在身邊，所以情形跟小偉一樣，如果小偉有什麼話不敢跟大人說，就可以告訴狗狗。第二次見到小偉，詢問他的擔心還在不在？他笑了：「我要轉學了，去跟媽媽住。」他還說那隻玩偶小狗讓媽媽帶去了。

原來小偉的母親在外地找到工作，會將孩子接到那裡去一起生活，只是對於父母親婚姻或感情現況，小偉還是不清楚，但是至少有媽媽在，相信他的焦慮就少了一大半。

我的分析

　　小學一年級的小朋友，在認知與語言發展上仍然在發展過程中，因此有時候無法表達得很完整，諮商師就要有耐心去問清楚。對於年紀小的小朋友，有時候很正經問他／她家中有哪些人？他／她可能也把隔壁老王算進去，有些原住民小朋友，算是社區一起看護的孩子，也有許多親戚住附近，因此我有時候也搞不清為什麼他／她有這麼多哥哥姊姊？如果真的要知道，也許請他們畫出家裡的情況，像是誰在客廳（廚房、臥室或房間）做什麼？也就可以一目了然！這個年紀的小朋友要與他談一段時間，還是有困難度，因此我用陪他玩球、下棋的方式，可以閒聊一些重要的議題，也藉此做評估與診斷。

　　我們一般人不太相信孩童所說的話，也因此在不被相信的情況下，孩童有時候不會講述自己的擔心與掛慮，後來就容易反應在行為表現上；其實與孩童接觸的經驗，我反倒認為孩童是最天真、也遵守信諾的，只要真誠以待，他們的相信與努力有目共睹。小偉的擔心，我把它當真在

處理，也清楚詢問他當時的情況，小朋友很容易感受到我們的真誠，通常他們也不會說謊。藉由小狗讓小偉照顧，是為了讓他有對象可以說話，也讓小狗形成與他象徵性的陪伴關係，我們一般會在小朋友身上使用繪本或是故事，主要也是因為小朋友很容易將自己的情況投射到書或影片中的人物裡，諮商師可以藉此了解小朋友所思所感，甚至藉由小朋友所重視或喜愛的人物，說一些關心、讚賞或鼓勵的話，他們很能夠受用。

孩子會擔心父母親不在身邊，少了可以依附的對象，而我懷疑他擔心爸媽不要他，可能是聽大人們說的，或許是開玩笑的話，但是小孩子經不起這樣的玩笑，因為絕大多數的孩子會把話當真！我之前就碰過一位大學生，因為相信自己是「撿來的」、而懷疑自己的身世！在國小階段處理小朋友的議題，不要以成人的複雜眼光來看待，也不要輕忽其嚴重性，因為既然小偉會有這樣的擔心，對他來說就是真實的擔心，因此就要審慎處理。老師轉介過來的原因，我直接詢問，小偉也很真實回答，省掉了我許多的猜測。從小偉其他的生活面向先做檢視，知道他外公會帶他與弟弟去公園玩耍，他在學校有玩耍的朋友，而且他也會到學校來踢球，衣著與衛生情況都很好，表示生活方面有人照顧，因此在釐清了其他方面的功能之後，小偉的問題就很單純，比較容易處理，也許他轉學之後還有新的環

境與人際需要去適應，但是我的擔心就不會太多，因為有母親在、而小偉的人際關係也不錯，所以他的調適很快就可以上手。當然我也有一些潛在的擔心：小偉的生父是不是會跟母親在一起？還是生父另有婚姻或家庭？孩子心目中的父親形象如何維繫？母親的工作遷徙性很大嗎？如果一直換工作，也就需要更換居住處，對於孩子的安全感與穩定感部分衝擊就較大，需要留意。

受寵渥的孩子

一年級的小安好奇心強，但是也因為太好奇，常常侵犯到同學，老師說他自我中心，想到什麼就去做，也不去理會時間與場所恰不恰當，小安也喜歡與同學互動，只是他所使用的方式讓同學不喜歡，老師希望我可以協助小安遵守常規、也尊重別人。

小安出現在諮商室時，最吸引他的就是酸梅，只是他都用小口咬的方式。小安喜歡畫圖，也很有創意，圖畫內容都與他玩的電腦遊戲有關，不是長牙的鳥、就是會噴火的怪獸，只不過他在塗顏色時常常越界，可見衝動控制上有待加強。小安會依指示做一些事，不過也呈現出較強的自我主張。小安對於事情的熱衷程度很短暫，不一會兒就失去興趣。接下來幾次，我跟小安下跳棋，因為跳棋有「輪流」的規定，基本上他還能遵守。小安提到在班上有一位好友，但是說不出好友的優點（這也很正常）：他來學校最喜歡「下課」，也喜歡來諮商室，他喜歡問「為什麼」也印證了他的強烈好奇心。與一般同齡的小朋友相形之下，小安的確有點「躁動」的傾向，由於他年紀還小，可以經由外力的約束做矯正，這也是我決定與他從下跳棋開始的原因之一，讓他從遊戲中慢慢接受「規定」的約束，有時候他要連下兩步，我就會阻止道：「這樣不公

平，我不想玩了！」小安就會倒退一步，讓遊戲繼續。這也讓我聯想到小安之所以較難與同儕玩在一起，可能就是他「不知規矩」，因為在他成長的環境中，他永遠可以「自行其是」、沒有太多的束縛，因此讓他以為這個世界就是這樣在運轉。

小安的生活也很單純，從他的繪畫裡看出他玩的遊戲內容，可能是打鬥、怪獸之類的居多，由於小朋友在認知發展未成熟的階段，也常常誤將遊戲中或電視裡的虛擬世界視為真實，因此容易被誤導，甚至不加批判地模仿，造成許多的錯誤學習與後果。雖然小安有點躁動，但是我也發現他在畫圖與做黏土的時候很專心，可見創作是他喜歡的活動，即便是注意力容易分散的孩子，一旦找到自己喜歡的事物，也會極度專注去完成。

小安是獨生子，下面還有一位四歲妹妹，家裡是四代同堂，父母與祖輩很寵愛他，母親也曾來學校與我談過話，她希望別的同儕與小安玩時可以遵守規矩，要不然小安都會受傷，這一點似乎與老師所說的有所出入。

小安剛上一年級，也就是開始要接受正規的學校教育，因此他與同儕相處的情況是決定其未來學校生活是否滿意的重要指標。由於小安是獨生子，備受家人寵愛，他

上幼稚園的階段，其實就是學習與人互動的重要時期，只是看情況似乎不是很順利，延伸到國小階段，開始正式的常規訓練，就會出現許多的不適應，而常規訓練若只靠老師或是學校，的確力有不逮，也因為孩子在家時間較長，因此取得家長們的共識、一起合作，才是真正治本之方。

我的分析

　　現在在少子化的情況下，許多的孩子被家人當成寶、寵愛有加，在與同儕相處時，因為大部分同儕也都是如此，因此學習退讓、互助與合作，就是非常重要的功課。以前碰過一位家長，說自己的孩子在幼稚園裡沒有人緣，老是跟人打架、搶東西，已經轉了幾個學校，快要沒有學校念了，我當時第一句話就問這位母親：「孩子之前不是妳帶的？」她說之前是婆婆帶的，於是我們就開始聊一些重要的議題，我也了解她婆婆因為寶貝孫子，所以都是自己帶，也不讓孫子去跟其他小朋友玩（嫌其他小朋友髒），因此母親將他接回來自己身邊，因為工作要托兒時，就產生了這些困擾——孩子沒有與同儕相處的經驗，因此不知如何與人互動。我於是請母親央請幼稚園老師協助，先讓兒子與最有人氣的一位同儕坐在一起，因為有人氣的孩子基本上比較不計較，較能夠接納不一樣的人，會引領同儕接受她兒子，另外她兒子也可以經由模仿學習、

慢慢學會與人相處。

　　父母親疼孩子的心境很容易了解，然而「愛」與「溺」之間的分野也在微細之間。我們新一代的父母親通常不願意讓孩子重蹈自己覆轍，或讓孩子吃苦，所以許多的事情都親力親為，但是這樣的愛孩子同時也可能害了孩子，所謂「愛之適足以害之」，凡事都由家長代勞表示：（一）疼愛孩子，不忍孩子辛苦；（二）不相信孩子有能力，所以代勞。再長壽、健康的父母親，也都只能陪孩子一段，若能及早養成孩子的許多能力，孩子獨立自主的籌碼就更豐富。孩子看到家長代勞，一則是「省事」，不用自己動手，二來也不免會想到：「為什麼他們不讓我自己做？我真的那麼不行嗎？」對於自我信念也因此減低許多。

　　有些觀點可以與家長做適當溝通，而有時候則是需要教育家長重要的議題，如果手邊有一些資料或是數據，都可以拿來與家長分享，這樣可以增加信度，也較有說服力。不少家長都認為讓孩子玩遊戲，或是看保護級的影片沒有關係，但是學齡期的孩子是行為最容易塑造，也最容易受到影響的階段，何況現在許多的線上遊戲與電視電影節目，都涉及暴力的因子，孩子若無家長在一旁監控或說明，容易將遊戲或是影片上發生的事視為真實，因此慎選

觀賞節目與遊戲是必要的，同時也要孩子養成判斷的能力，光是禁止效力不大，因為同儕間互動，或是在家長無法監控的情況下，孩子還是會接觸到這些事物。這些議題也都要與家長做溝通，諮商師不必以「專家」自居，而是將主題拉到「為孩子最佳利益」著想，大部分家長都願意合作；此外，許多國小的諮商師年紀都較輕，對於與家長對話或是諮詢這一塊較無信心，可以告訴家長：「我們在學校都接觸與你／妳有類似關切的父母親，所以對像你／妳孩子這樣的情況也很清楚。」

我的朋友為什麼傷害我？

　　小語的教室就在我的諮商室附近，因此她常常經過我門口，偶爾會過來打個招呼。有一回我正好結束一個會談，小語剛好經過，於是我就請她吃一顆酸梅，她告訴我她的名字與年級，也對我在諮商室所做的工作很好奇，於是我就簡單說明自己的工作性質，小語要離開時問我：「所以，如果我有問題也可以來找妳談？」「當然！」我點點頭。

　　不久，小語就登記與我談話。小語是六年級的學生，因為個性開朗，有不少好朋友，但是最近她卻被好友小燕以美工刀劃傷手臂，導師緊急處理，但是在小語的央求下沒有告知小語家長。小語讓我看了手臂上將要癒合的傷口，我詢問她當時發生的經過，現在傷口還疼不疼？小語在敘述的過程中，有幾度流下淚來，她說她不敢讓父母親知道，因為怕讓父母親擔心，可是沒有人聽她說也很難受。

　　小語很困惑的是：「為什麼我的好朋友要傷害我？」小語說：「我很怕謠言，因為女生都會傳一些事情。可是如果小燕看到有人跟我說話，她就會問我對方跟我說什麼？可是有時候別人告訴我的是祕密、不能說，小燕就會

13

生氣，說我不是她的朋友。以前有一次就是這樣，小燕說我的壞話，很多人就開始討厭我，我很怕這樣的事會再發生。」小語說小燕會注意她跟誰講話，然後就過來問小語跟那個人說了什麼？有時候對方是告訴小語不能對別人說的祕密，小語就很為難，但是小燕就會認為小語隱瞞她什麼，不是她的好朋友。小語還問我：「為什麼朋友一定要選擇『密友』、『普通朋友』、『好朋友』、『麻吉』？而且一定要告訴她嗎？」我告訴小語，朋友之間的親密度不同，彼此之間的認定可能不一樣，但是不需要說出來，若對方要妳說出來，的確很為難，因為我們都不希望得罪別人。

我要小語承諾，倘若下一次同樣的事件發生，就一定要讓我知道、或是通知老師，而且小燕把美工刀帶在身邊，的確不是穩當的事。我要小語先學會保護自己，必要時尋求協助。我說：「沒有好朋友會傷害好朋友，而當妳受傷時，有多少人會擔心？」接下來我就與小語談到友誼的問題，小語也深感困擾，她說：「班上很多人都不喜歡小燕，沒有人跟她做朋友，我想跟她做朋友，不然她很可憐。」小語真的是思考很周密的孩子，擔心朋友沒有人緣，也擔心父母親掛慮她的事，而她又有許多話想要說，有人可以商量，也希望被了解，因此她的生活就變得很複雜，她也不快樂！只是小語也有個迷思：她希望討好所有

的人，這是不可能的任務！我先肯定小語對於弱勢同學的關愛與協助，另外也與她討論「討好所有的人」是不是可行？可以改變一下目標、又不讓自己為難嗎？

「我們可以去討好我們所在乎的人，但是不可能討好所有的人，何況有些人妳真的就是不喜歡，妳還會去花工夫討好對方嗎？」我問小語。

小語沉默不語。我說：「這不是個容易做的決定，但是妳也可以好好想一想，好不好？」

小語擔心自己常常出入諮商室，朋友會詢問，也擔心給我帶來困擾，所以後來她提議：「老師，以後我可以跟妳交換日記嗎？就是我把自己想的寫下來、拿給妳看，然後妳也可以在上面寫。」我同意這樣的作法。

接下來我與小語一起釐清所謂的「事實」與「想法」。因為小語將「擔心的事情」視為「事實」，其實這些多半只是她自己的「想法」而已，「事實」與「想法」是兩回事，卻有許多人將它們混淆在一起，產生了許多觀點的謬誤。這也是認知行為學派會採用的方式。

我的分析

　　年紀越小的孩子，受到他人批評與眼光的影響越深，我們小時候是從家長或成人的評語看自己，希望可以讓重要的人喜歡我們，因此順從性高，也比較不敢表達自己真正的想法；可是隨著年歲的增長，我們開始「長自己」，期待他人看到我們的不同與優勢，同時也希望被接納。只是在成長過程中，女性較容易受到外在評論的影響，當然也會左右對自己的看法，相對地，男性受到的影響就少很多。以青春期的少女來說，從眾行為最多，也表現出更多性別刻板的行為，特別是受到自己認為的知心好友的影響，這也是我們社會對於不同性別個體的要求與期待的結果。

　　小語就像許多的女性一樣，很希望自己受歡迎、有很多好朋友，被拒絕其實就是很大的傷害，女性重視從關係中來「定義」自我，因此人際關係通常是女性的兩面刃：人際關係好，就有更多人不能得罪，也不太能有自己的想法；人際關係差，沒有幾段有意義的關係，容易感覺孤單、無意義，因此很少人可以處理得宜。然而小語通常把自己的需求放在朋友的後面，往往讓自己受盡委屈。我在與小語工作的時候，特別與她一起分析「朋友」的定義與程度，讓她了解到自己有不同的朋友、交情也不一樣，而

我們可以從朋友身上學會什麼？

　　小語提到的被孤立與拒絕，其實就是學齡期孩子常常在學校遭遇到的「關係霸凌」問題，關係霸凌主要是以言語（如散布不實謠言，或是誇大此人的一些行為或習慣，取不雅綽號）或是威脅方式，刻意去疏離或孤立某一個人，讓此人身邊沒有朋友，甚至讓他人不敢接近此人，就是一種「壟斷」人際關係的方式。小語算是班上成績不錯的學生，但是她卻無法抵擋傳言散布的威力，因此每天都過得膽顫心驚。國小女生開始「成群結黨」，有自己的朋友圈，如果違反了「圈」中倫理，可能就遭受被排擠的命運，偏偏「關係霸凌」很微妙，一般的師長較難發現，加上學生不相信老師處理的效果，還擔心一旦向師長舉發，受苦的還是學生自己（甚至讓自己被欺負得更嚴重），所以也就比較難以處理。

　　「關係霸凌」發生在女性身上最多，而其對於一個人的傷害很大，不僅是在校園內時常發生，在職場上也常見。鄰近的韓國與日本，常常有因為被關係霸凌而自殺的女學生，日本皇室的愛子公主就是其中一位受害者。她因為害怕被欺負，不僅在學習上發生困難、有懼學的情況，情緒上也受到打擊、悶悶不樂。會以關係霸凌方式來離間關係，或是造成讓某人不受歡迎的，不一定是成績不好的

學生，反而許多我們認為成績優異的學生，以他們的成績
或是人脈為籌碼，刻意去做傷害他人的動作。

　　許多關係霸凌的受害者終其一生都受到這個經驗的負
面影響，不只失去了對人的信任，也無法與人建立有意義
的人際關係，一輩子都在尋求認可與歸屬，同時也承受極
大的挫敗感與孤獨感，但是許多的師長卻認為傷害不大，
甚至誤認為是「成長過程中的一部分」。根據國內外已經
累積多年的研究發現：許多人在就學時期受到的不同形式
霸凌，一直到成人期都難擺脫其負面的影響，有些人以自
殺作結，有些人則是以「嗑藥」或是犯罪作結（像美國哥
倫拜高中兩位學生槍殺十多位師生的事件，這兩位學生平
日就受到同學霸凌）；而霸凌他人的人，也是從一些小挑
逗、小傷害的行為開始坐大，若不及時加以處理，也是未
來犯罪的前身。歐美各國都已經有霸凌相關法令的出現，
美國有四十州將霸凌明令為犯罪行為，警檢單位可以進入
校園處理，而我國還在「思索」階段，若無明快與有效的
處理機制與流程，以後要花費的社會成本更高。

我不喜歡我的好朋友的朋友

　　小燕是小語的朋友，然而小燕那一天卻劃傷了小語，讓小語手部受傷、縫了七八針。小燕看到好友小語來諮商室的那一天，她就跟來了，想要跟小語一起做諮商，但是因為小語之前跟我說過：她想要單獨跟我談，可是知道小燕會跟來詢問，因此有一點為難。所以我當時就很友善地對小燕說：「可不可以請妳另外跟我約時間？這樣我們可以談比較多。」

　　隔週，果然小燕就出現在諮商室，但是她第一個問題是：「老師，那天小語跟妳說了什麼？」我很清楚小語對我的提醒，也要謹守與小語之間的保密原則，因此很模糊地說：「我們談了有關學校方面的問題。」小燕手上有自傷的痕跡，老師說她隨身攜帶的美工刀就是武器，前一陣子還用那把刀劃傷好友小語的手臂，問她為什麼這麼做？她說就是要給朋友警告、不要去「跟別人好」。原來小燕從三年級之後，在班上就只有小語及晴晴這兩位好友，她又特別在乎小語，最近發現小語與一位新轉來的小楨很要好，她就覺得不是滋味，好幾次去威脅小語，但是小語還是很喜歡小楨，甚至說服小燕也跟小楨做朋友，但是小燕不願意，她認為是小楨「搶」走了她唯一的最好朋友，以後她就沒有朋友了！

　　「為什麼我要喜歡我好朋友朋友？我很討厭她！」小燕邊說邊哭。

　　「的確，妳不一定要喜歡好朋友的朋友，但是小語有沒有限制妳交其他的朋友？」我問。

　　小燕搖頭。

　　「小語當然也希望小楨會是妳的朋友，只是她不能勉強妳，就像是妳不喜歡吃苦瓜，但是小語喜歡吃，可是小語不能強迫妳也喜歡吃苦瓜，對不對？」我解釋道。

　　接著我就與小燕談我們「選擇」的問題（我們選擇朋友，但是不能去決定朋友該做何選擇），然後與她進一步去釐清什麼事情是我們自己可以「控制」的，什麼又是我們不能控制的。如果只是執著於要控制我們所不能控制的，就會非常痛苦。

　　「妳可以有不同的朋友，小語沒有阻止妳，對不對？那麼，妳可不可以也像小語對妳一樣，也尊重她有選擇朋友的權利？她不會因為多了一個朋友而放棄妳這位原來的好朋友，是不是？」然後，我們談到朋友給我們的學習。

　　小燕認為好朋友就是沒有祕密的，我問小燕：「妳把所有的事都告訴小語了嗎？」小燕想也不想直接說「是」，我再進一步問：「所有的事？」小燕就有點遲疑

了，我說：「即使是我最好的朋友，也不會知道我所有的事，因為有些事情我還是會選擇自己知道就好，不是嗎？因為我可能會擔心我的朋友因為這個而不喜歡我？」

我告訴小燕：「妳是一個很細心的人，也希望關心朋友的許多事。現在國小，妳會有一群朋友，升上國中之後，妳也會認識更多不一樣的人，也會交到另一批朋友，我相信妳更會珍惜現在的朋友。當我們可以試著去喜歡朋友的朋友時，有沒有發現我們的朋友更多了？」

也許小燕還需要時間去思考我們的對話，但是我相信她對朋友的看法會有一些改變。

我的分析

每個人都不是孤島，希望有幾個對自己重要、有意義的人際關係，可是我們也發現在不同發展階段中所交往的朋友，會有一些差別。有些人可以一起工作，但不能玩樂；有些是點頭之交，或是因為利益而結合；有些則是知己，什麼都可以談。再則，朋友關係的深淺很難有共同的定義與標準，也許我視甲為知己，但是她卻認為我只是一般朋友，這樣的結果難免會讓人沮喪，同時也說明了人間知己難尋。

在諮商場域中，諮商師遭遇最多的困境也是在人際關係（包括親密關係）上，而心理衛生界不謀而合的一致發現是：人際關係是個體心理健康的主要指標。男性的「哥兒們」關係也是很重要的，只是他們很少談到「私人」或是「敏感」的議題，因此偶爾也需要有「紅粉知己」，聽聽自己的心事；女性之間的情誼與男性之間的不同，也許是因為女性被要求以「關係」為主要需求的緣故，雖然每個人不管性別，都有「愛與隸屬」的需求，但是女性在人際與友誼關係中更是獨占性強。像是女性若有心事，會希望有聽眾聽她訴苦，不要給意見，女性從關係中「定義」自己，也從關係中獲得最大酬賞（當然也是最大失落所在），這也是男性所缺乏的。

女性因為以關係來定義自己，因此特別在乎他人對自己的看法，有時候難免會失去自我的定位。女性的情誼從國小中年級之後可以觀察得更清楚，彼此之間會聚成一個小集團，許多事都同進同出。女性情誼的獨占性，通常也是衍生「關係霸凌」的主要因素，以一個人的人脈多寡來定義自己，同時展現自己的權力！小燕將小語視為最知己，因此不容小語有其他朋友，甚至以威脅方式要逼小語就範，小語不從就變成傷害，雖然事後小語沒有告訴老師，但是對於這樣的情誼，的確也是國小生活的常態。許多的國小老師是女性，可能體會不出國小女學生這樣的人

際需求與問題，但是這卻會影響到學生來上學的意願，如果學生在學校發現沒有人對他／她友善，來學校沒有玩伴，學習就變得無趣，有些人甚至因為被孤立而懼學。我們常常說「有關係就沒關係」，另一種詮釋就是：「有較好的人際關係，其他的小問題都不是問題。」因為至少有支持，自己不孤單，況且好友之間也會彼此協助，共同想辦法解決問題。

我解釋「選擇」與「控制」的議題讓小燕去思考：「選擇」自己的朋友是每個人的權利，而「控制」自己能力範圍內的讓自己安心，然而企圖去控制自己不能控制的部分則是徒勞無功又痛苦的。我的諮商目標是協助小燕做選擇，也有其他的選項，而不是執著於「獨占」朋友，讓自己也不能成為別人的好友。接下來若還有機會與小燕一起工作，我會鼓勵她去跟不同的同儕接觸，參加不同的活動，拓展自己的視野與心胸，可以接納更多元的族群。

我心情不好

　　高高帥帥的小高有情緒方面的困擾，老師說他最近消沉許多，不知道是什麼原因？尤其他的作業都沒有完成，令人很納悶，於是轉介他來跟我談一談。

　　小高很有禮貌地先向我問好，我提到班導的擔心，他有點不好意思。「那麼，如果你願意，說來聽聽看。」我做出邀請的動作。

　　「老師，我問妳。如果有個人突然不太理你了，是什麼意思？」他問。

　　「是怎樣的突然不理你？是原來你們關係很好？」我問。

　　他點點頭：「我有個學姊，我跟她很好，可以說很多話，可是她可能聽說了一些我的事，所以最近都不理我了。」

　　我於是問什麼是「一些我的事」？小高說是同學誤會，就認為他是一個不講理的人。我說：「聽起來你跟學姊有很好的交情，她應該不會這麼輕易相信謠言，所以你可以先去問清楚。另外，你感覺到學姊對待你的態度有點冷淡，或許是因為畢業季節，有一些新的事情需要去擔心或處理。你平常是怎麼跟她互動的？像是參加活動或是約

出去玩什麼的？」

「以前放學的時候，我們會一起回家，會在後門碰到面，但是現在很少。」

「你只是想她怎麼對你冷淡起來？還是去問過她的情況？」我問。

「我只是常常想，因為她以前不會這樣。」

「只是自己想，但是無法證實，是不是很煩惱的事？你會怎麼做比較好？」我問。

「也許我可以直接去問她？」他看看我。我給予支持性的肯定：「也可以。至少不是自己在這裡亂猜。」

小高說自己運動不行，學姊在這方面很行！他也擔心自己有許多話題無法跟學姊聊，於是我說：「把自己變成有質感的人啊！」

「像是什麼？」他問。

「多讀一些書啊，多看看，也聽聽別人的經驗呀。」我說。

「我就是不喜歡讀書。」小高很坦白。

「沒有人會特別喜歡讀書吧，但是當你可以閱讀一些自己有興趣的東西，也許在跟別人聊天的時候就更有料了！」

接下來焦點轉到他的作業完成度。「老師說憑你的實

力，不可能沒有完成作業，可能是什麼因素？」小高說自己回去就很累了，還要寫媽媽規定的評量，所以就沒有時間寫家庭作業了。我於是請小高告訴我：「今天你放學回家，你會做些什麼？」

「先吃點心，看電視，然後寫評量，吃飯以後繼續寫評量，然後就快十一點了。」小高說的同時，我也與他確認所需要的時間。

「我不知道你想不想試試看？今天回家之後，先把吃點心的時間往後延，先做一點點回家作業，然後再吃點心。」小高說願意試試看，我就交給他一張小卡紙「這一張請你做紀錄，把從今天開始每一天作業完成的時間寫下來，下一次我們一起來看。」

我很清楚兩性在發展階段的進度不同，不管是在生理或是心智上的成熟度，女性都比男性發育要提早兩年左右，因此女性會找比自己年長或是成熟的男性為潛在伴侶，這樣比較有話可聊、心靈相通，因此我也提到這一點，小高就有點為難：「我不喜歡看書。」我說：「無妨！只是要找到自己喜歡的事情，認真去學習就可以，那麼下一回妳跟學姊見面時，就可以聊很多新鮮的事情。」。

小高的導師告訴我，遲交作業已經不是問題了，他的

心情也好很多，我接下來與小高工作的目標是：讓他的生活質感更佳，知道充實自己能力的方式，這樣他就有更多的籌碼提升自己。

我的分析

「不寫作業」似乎是許多國小老師會轉介學生過來諮商的主要原因，老師希望學生可以藉由寫作業（一種「過度練習」）的方式「穩固」學習，只是現在許多家長將原本的親職工作（如陪伴寫功課、協助學習）交給家庭以外的人或機構接手，而補習班或是安親班又有自己的進度，又規定了額外的作業，使得學生們疲累不堪！小高雖然沒有參加校外的補習，但是母親要求他每天都要寫評量作業，因此情況也好不到哪裡去！

小高沒有大問題，只是在時間優先次序的安排做適當調整就好。我在檢視他的「典型的一天」(A typical day)時，發現他用在吃點心、看電視的時間太多了，因此耽誤到他接下來的作息，於是建議他做一點點的改變（「先做一點點回家作業，然後再吃點心」），結果他就可以將學校規定的作業如期完成，也不會延誤到他寫評量的時間。把不喜歡做的事（如寫作業）安排在喜歡做的事（吃點心、看電視）前面，可以增加「做不喜歡做的事」的機

會，這就是心理學所謂的「皮馬克原理」，許多家長都沒有讀過心理學，卻常常使用這個原理，像是「寫完功課，才可以看電視」就是這個原理的運用。

　　小高的情緒問題，班導也注意到了，我讓小高知道班導關心他的情況，而不是故意找他的麻煩，這樣的動作也可以讓小高更信任導師，畢竟學生的學校生活是他重要的一部分，讓小高了解有這樣關懷的環境氛圍在支持他，他在學校也較快樂。小高的低落情緒是因為「可能的」情感失落，但是我進一步發現他沒有去證實，而只是自己腦袋在想而已，「想法」與「事實」是兩回事，但是有些人很容易將它們搞混，所以我協助他澄清這一個觀點。小高很喜歡那位學姊，可能因為學姊也長大了、視野較廣，對於小高這樣的「小弟弟」興趣缺缺，加上學姊最近忙著畢業的事宜，所以少了與小高接觸的機會，因此小高不免會覺得失落。對於這樣的心情，小高不能跟父母親講，因為也不知如何啟齒，所以就把這個念頭放在心裡，干擾了自己的心情與作息。我跟小高說：「有時候找個人談談會好一點。」他終於一展笑靨，彷彿是告訴我今天來對了！

　　我之前也曾經碰過一位小五男生開始有仰慕的對象了，但是對方不喜歡他，他因此而情緒起伏很大，每天覺得很困擾，家長也注意到，而來尋求協助。只是父母雙方

的想法不同（父親認為是人生階段會經過的，沒有什麼關係，但是母親認為這個階段的孩子「應該」要把重心放在學業上），也無法提供孩子建設性的看法，我於是請父親好好聽聽孩子在想什麼，也讓母親在一旁作陪。了解孩子的想法永遠是解決問題的第一步。少年情懷總是詩，青春萌發的時期總是有這些情感困擾，小高雖然不承認自己對學姊有其他的情愫，但是很願意讓自己成為一個更有質感的人。

沒有人喜歡我

　　小甚在五年級下學期時因為母親吸毒入獄，社福機構擔心她母親出獄後會找到她，於是就在一天之內做緊急安置，連就讀學校也要更換，我當時對於這樣的處理有點驚愕，因為要讓母親找不到女兒，這是違反人性倫常的，社福單位怎麼可以這樣？後來退一步思考，了解社福單位是站在保護孩子的立場，不希望母親對孩子有不良影響，心情才較為釋懷。張老師告訴我這個緊急狀況，要我做一些處理，於是我就在已經安排的晤談中間撥了十幾分鐘時間，與小甚有第一次接觸。當時我安撫她對於突如其來的安置與轉學的焦慮與不安情緒，然後告訴她她是一個勇敢的孩子，即使母親不常在身邊，還是可以把自己照顧得很好，希望她在新的家庭與學校可以適應很好，交到許多好朋友。

　　第二學期初，因為小甚母親出獄，社福機構把小甚還給母親監護，小甚就回到原來學校繼續就讀，也因為社福機構的協助，她們母女倆有了租來的住所安頓，但是因為母親無業，可能又有吸毒惡習，小甚上學幾乎每天都是遲到，導師除了很擔心她的學習情況之外，更嚴重的是小甚受到班上其他人的排擠，尤其是一些男同學的排擠。在她鄰座的一位男同學，每每用很大的動作故意疏離或是貶抑

她，小甚會故意忽略，但是心裡應該很痛！

　　導師很擔心小甚被排擠的情況，也盡量在班上做宣導與教育，對小甚也多加關照，卻也擔心同學認為老師偏心，儘管如此做了一些行動，情況沒有什麼改善。導師也說小甚四年級時被發現吃土，就開始有同學傳她很髒，也因此就影響了小甚在學校的人緣，小甚也可能因此而自卑，在班上不會主動跟同學玩，而只要有一個小動作，也都會引來大騷動！

　　我與小甚會面的時候，提到我們的第一次見面情況，然後我詢及她每天是怎麼開始一天的生活的？她說她們會設鬧鐘，但是她也會在被鬧醒時自動「按掉」鬧鈴，有時候是因為母親也昏睡，沒有叫醒她，所以她就會遲到。接著我檢視她的交友狀況，小甚說班上有兩位女同學是她的好朋友，她每天也會到其中一位女同學家寫功課，我簡單了解了那位同學的家裡情況：有哪些人？小甚有無安全之虞？與同學怎麼互動？小甚說她會做完功課、吃完飯才回去，飯也是在同學家附近買的。接著我們討論要怎麼做可以讓自己遲到次數減少？小甚提出了自己的一些做法，於是我請她就有效的方式繼續進行，也去試試新的方式。小甚也在上美術班，所以很喜歡畫畫，於是我就讓她邊畫邊聊。

　　小甚大約三個多月大時父親過世，母親後來再婚、又離婚，第二次婚姻有一個妹妹，由繼父撫養。小甚記得自己在念幼稚園中班時，曾經保護妹妹不被鄰居欺負，媽媽要她堅強獨立（小甚說這句話時表情堅定，卻讓人覺得不捨）。小甚說她很喜歡現在的生活，通常她回到家時母親已經回家，感覺上很安心，只不過小甚還是會擔心，她說只要母親沒有帶手機，或是出門沒有留紙條，她都會擔心。母親曾經不只一次要脅說自己會死，尤其是在盛怒之下就會發此語，小甚說：「媽媽說她死的時候，叫我去找妹妹跟爸爸（繼父）。」小甚說她會怕爸爸，因為爸爸有躁鬱症，以前會一直罵媽媽。我想這就是小甚最焦慮的部分：擔心自己失去母親，自己無依無靠。

　　我讚許小甚有保護妹妹的能力，也把自己照顧得很好，關於遲到的事，小甚說五天中會有三天，次數真的太高了一點，我給她一張卡紙，請她記錄自己準時到校的日期，下一回再來談。

我的分析

　　小甚的母親因為多次吸毒入獄，小甚也因此由社福單位接管，社福單位是站在保護孩子的立場，但是難免沒有考慮到人情之常，畢竟母女連心，再糟糕的父母親，孩

子還是願意跟在身邊，這就是「愛與隸屬」的需求。小甚常常遲到，這當然也會影響到她的學習與交友，班上男同學的刻意疏離就是一種關係霸凌，我針對這個議題，設計了三次的班級輔導做介入，主題分別是「關係霸凌」與「接納不同」、「尊重」與「對待人的方式」，以及「選擇」，讓全班可以經由「接納自己的不同」而去「接納」他人的不同，同時也強調「我們對待他人的方式就是我們希望被對待的方式」，而我們有能力做「選擇」，也承擔選擇後的責任。另外也與班導師商議，我提供了十一本繪本供班上同學閱讀，三個禮拜之後，同學們繳交閱讀心得，由班導師負責評審，選出優秀作品並贈送禮物。

在國小階段，對於全班性的議題，最好可以與班上導師、科任教師或學校一起合作，經由不同的管道教育與強調同一個主題，讓全班同學了解我們對於這個問題的重視。接下來我以一個學年的時間為規劃範圍，與校方取得合作，會進行一系列的全校（包括家長）的霸凌防治計畫。當然班風的經營與班級導師的態度與方式有關，小甚的導師是一位有經驗的好老師，敏銳覺察到班上的氛圍，也努力做問題解決，只是學生事務通常是要結合不同團隊一起處理，效果才會加倍，輔導工作也是如此。班導是第一道防線，他／她對於班上同學最熟悉，也是同學最信任的師長，不僅可以提早發現問題，也早做處理、防範未

然。班導有他／她處理的方向與方式，接著輔以班級輔導（以「教育」及「預防」為目的），也做實際的演練，然後再輔以個別諮商的協助。

　　許多的孩子因為成長在「不完整」的家庭，若是沒有其他延伸家庭或是社福單位的積極協助，在親職或是家庭功能上就容易失能，也讓孩子容易淪為低學業成就或是無人生遠景的犧牲者。小甚的母親吸毒、又是單親，加上失業，通常也是其原生家庭不願意涉入的主因。社福單位雖然介入，但其成效有限，最好是讓母親可以戒毒，同時有安身立命的工作與居所，孩子才不容易受到負面的影響。雖然母親戒毒或是找工作這方面，諮商師可以使力的不多，但是至少可以協助其發揮更有效能的親職。

　　家庭系統理論提到每一個成員都是系統中的一部分，牽一髮而動全身，如果家庭父母不和，本來表現不錯的孩子就會突然有課業或行為上的偏差，因為孩子承擔了家庭問題的餘波影響，有時候是藉由自己的問題來分散注意力，甚至讓父母親因他／她而願意重修舊好、和睦相處。孩子在一個家庭中其實是力量最小的，他／她不能選擇父母，而父母又是他／她唯一的依靠，因此最容易成為所謂的「代罪羔羊」，也就是問題出在家庭，但是卻表現在孩子的行為上；此外，像是小甚與母親相依為命，也容易與

吸毒的母親產生「共依附」關係，也就是會承擔起照顧母親的責任，甚至為母親受罪。當我們在年齡越小的孩子身上發現問題時，往往可以追本溯源到家庭或是父母親，然而一般的父母親是不願意承認自己犯錯或是有問題的，而校方若是找家長來學校，家長們都會預設是一場「鴻門宴」，而不願意參與，這也提醒我們，平常就要與家長有較頻繁、親密的互動，才不會引發這樣負面的猜測。

無反省的母親

　　小咪在六歲時受到母親同居人的性侵，後來被社會局列管。但是母親的習慣還是沒改，她習慣找一個年紀大的男人，然後依靠他生活，當男人無法滿足她物質的需求之後，她就換男人。也因為這樣的習慣，讓女兒小咪受到池魚之殃。可是我們的社福機構之間的聯繫不夠，小咪的母親知道自己有案在身，於是就與小咪遷徙到外縣市，繼續請領政府的補助金，但是有關小咪可能再度受害這方面，社福單位無法追蹤。因此當我接到小咪這個案例時，非常生氣，因為小咪母親的「習慣」是陷女兒於危險中的重要因子，只是社福機構似乎沒有強制性，也就束手無策，更令人氣憤的是：小咪母親很熟悉申請補助的各種管道，她甚至在與其他弱勢家庭接觸時，還自鳴得意地侃侃而談，甚至教導這些人如何去申請更多的補助！

　　我見到小咪時，她已經十歲、唸四年級，外表與談吐看起來就比一般同年紀的孩子早熟許多，可能因為母親提醒她的緣故，她在回應我的問題時非常謹慎小心。小咪被轉介來談，主要是因為她有超乎年齡的性知識與舉動，有時候對男同學還有挑逗的動作，這一點讓老師十分擔心，也怕她「帶壞」同學。要與小咪建立關係不容易，她對於許多有關自己家庭的事情也很保留，因為性侵經驗讓她徹

底失去了對人的信任。我與小咪幾乎每週都會面，慢慢地
她才打開心防，願意與我分享一些較為私密的事情。我首
先了解她目前生活的環境安不安全？她有沒有因為那次創
傷事件而殘餘的惡夢、害怕等後遺症？她可以做怎樣的處
理？有沒有效果？平常的生活作息有沒有受到干擾或影
響？然後教導她一些基本的防禦與保護措施。小咪的適應
情況還好，至少沒有創傷後遺症的一些徵象出現，但是她
的焦慮來自於母親，因為母親的生活也讓她覺得不安全，
很擔心哪一天母親又放下她，自己去找陌生的叔叔。小咪
說雖然住在外婆家比較辛苦，但是至少都有飯吃，回家也
有人在，比較不會孤單。後來因為小咪母親的強力介入，
我才中斷與小咪的會面，轉介另一位治療師接手。

當小咪的母親帶她回到南部娘家時，常常就把小咪
放給自己娘家母親，然後自己跑去外縣市遊玩（或「吊凱
子」），惹得她母親非常氣憤，因為母親也是以勞力換取
生活費，帶著小孫女就不能去接工作，於是要女兒把自己
的孩子帶在身邊；小咪母親與外婆大吵一架之後，真的就
把小咪帶在身邊，延續了之前荒唐的生活！

我請小咪的母親來談，這位四十多歲的婦女看來非常
強悍，也一副「外人不要來管閒事」的模樣，我跟她提起
女兒再度受害的危險性，小咪母親就要走人，她說不願意

跟我談，我當時也有點動怒：「妳知道一個母親是會保護孩子的！」她叫我「少管閒事」！我覺察到自己的情緒，於是告訴對方：「也許妳需要找行政人員談談，因為這關乎妳的福利。」而結束了這場對話。

我的分析

小咪母親的生活方式是釀成其遭受性侵的危險因子，也是造成其再度受害的重要關鍵。我之前處理過一位國二女生受生父性侵的案例，後來法院將其監護權判給大伯，但是大伯就住在父親居處隔壁，當我把這個擔心與女生祖母商議時，祖母竟然回道：「不然要怎樣？一家人本來就要住在一起，這（件事）也沒有關係！」我當時也氣得腦充血！小咪的母親以與男人交往來生存，這雖然是她的「求生之道」，但同時也嚴重違反了小咪的福祉，而母親的故意忽略，讓人不禁會思考：這位母親將女兒當成什麼？這個案例也凸顯出我們的社福單位有許多不足之處，需要有配套措施做救濟，也要有充分的人力與資源來維繫其效力。而母親這樣的生活方式，不免有一種暗喻在裡面──「女人需要仰賴男人才可以生存」，小咪會不會因此將其內化，變成自己的生活哲學？

最令我擔心的是小咪的心理成長。那一次的性侵事

件已經剝奪了小咪天真無邪的童年，也帶著潛在的再受害危險，而母親本身無視於其對女兒的傷害，還是持續維持荒誕的生活模式，不僅缺乏自省，也讓介入處理的有關單位感覺無助無力！遭受性侵的個體，被傷害最重的是對自己的尊重，以及對他人的信賴，許多青少年因此在性行為上濫交、出現偏差行為，有些甚至演變為嗑藥者（為了麻痺與放棄自我）或殺人犯（受到傷害的忿怒無法正常宣泄），自傷、自殺者也所在多有，他們一輩子都生活在擔心、害怕與無望的氛圍中，出現憂鬱沮喪也是常有的事，對成年女性而言，對於自己身體意象、親密關係與親職功能的不信任，導致生活相關功能失序與失能！

社會一般人士看到小咪的案例，可能就會脫口而出：「自私的母親！」這也許有許多的社會期待在裡面，就如同我們說「天下無不是的父母」那般無稽一樣，因為事實上的確有「不是」的父母，因此當然也有「自私的母親」。說小咪的母親自私，我還可以理解，但是她卻罔顧對女兒的潛在傷害，不願意做反省改善，這一點才令人擔憂。小咪母親是一位失序的人，但是她卻以自己的身分沾沾自喜，甚至還以「過來人」的姿態，教導其他人如何順利申請補助（而不需要付出勞力）。

從這個案例也提醒我們專業助人工作者：許多的事務

需要「團隊合作」，不是只靠其中幾個人員的穿針引線就可以，這樣容易事倍功半，有必要將醫療、教育、社工與其他心理衛生等相關專業人員整合成一個順利運作的有效系統。其次，我們的危機通報系統有許多的疏漏，才使得一個需要嚴格持續追蹤的個案，卻因為搬遷到外縣市而失聯或杳無訊息，簡直是讓小咪這樣的弱勢處於持續受害的境地，誠所謂「制度殺人」。

無未來感的孩子

　　阿建就讀五年級，帶著一副近視眼鏡，人顯得有點「台」與老成。老師轉介他來的主要原因是：這個孩子沒有未來感，因為他連對當下的生活都沒有願景，功課與作業都亂七八糟，告知家長根本無效。仔細去了解阿建的家庭，才知道他父親年近五十，母親只有父親一半的年紀，是外籍配偶，父親擔心母親會紅杏出牆，因此嚴格監督母親工作與交友情況，甚至要阿建做「間諜」，去窺探母親交往的對象。阿建母親來自越南，結婚這些年曾經因為外公過世而回國，平常也在一個加工廠工作，有時候會利用電腦設備與家裡通電話，而阿建父親是泥水工，加上經濟不景氣，常常沒有工作做，就有更多時間待在家裡，甚至疑神疑鬼。

　　阿建說他覺得很煩，因為父母親常常爭吵，所以他誰也不愛，他只希望早一點離開家，念書根本沒有用，也不能改善他目前的處境，他說自己是「白癡、笨蛋」。我問阿建離開家後要如何養活自己？他說打零工就好，有飯吃就可以。平常在學校，他也是一個孤單的人，所以可以打電動就是他最快樂的事，他希望每天都打電動，雖然媽媽有時候會限制他，但是阿建會到網咖玩。前一陣子，爸爸說要離婚，媽媽那邊就搬出去住，但是可能因為身分問

題，後來又搬回來，我以為阿建的生活會有所改善了，但是他說：「拜託，又開始吵了好不好？」語氣中有許多的憤怒與無奈。

既然阿建不喜歡談有關「學術」上的議題，我當然不會「哪壺不開提哪壺」，我先跟他下跳棋，然後從活動中看能夠聊些什麼？阿建其實是一個聰明的孩子，與他下棋時的觀察，我發現他會先想一步，甚至會想辦法阻擋我的進路，而當遊戲接近完成時，阿建的情緒就會較急躁，甚至有點莽撞，不像初時那般深思熟慮，後來經過我提醒，他做了一些改進。我也看到阿建真的想要贏，他也需要被認可，只是在學校的經驗裡，有太多失敗的過往，因此他連嘗試的勇氣都失去了。阿建的情況就像是阿德勒學派所說的「我不行」（inadequacy）的孩子，因為挫敗太多、沒有支持與鼓勵，於是就放棄了自己。

與阿建相處的幾次經驗，我知道他是一個善良的人，雖然有時候會想要耍技巧，目的只是希望自己可以贏，但是他事後就會道歉。治療關係建立之後，阿建就變得比較願意談自己的事，之前他都以「不知道」做回應。我跟阿建分享我自己的成長經驗，也是父母親爭吵不斷，但是我說：「爸爸媽媽有自己的問題，這些跟我們孩子無關。我們還有很長的路要走，要過怎樣的生活，是我們自己的決

定，我相信你也不希望自己以後的生活跟他們一樣。」

「我才不要！」阿建說得很堅決。

「好，既然如此，我們就來想想看，要怎麼樣才可以跟他們不一樣？」

　　阿建有個小二的妹妹，只是兩人之間鮮少有較佳互動，阿建說自己也會欺負妹妹，只因為「不爽」，我提醒阿建，不管如何，他還是妹妹唯一的哥哥，妹妹視他為英雄，會以他為模仿對象，阿建聽了表情有一點不好意思。雖然阿建的學業成績還是一蹋糊塗，但是至少他有喜歡的科目，而且我發現阿建即便對於自己不懂的科目，還是會借同學的來抄，因為他「不想被當笨蛋」。

我的分析

　　父母親不和，對孩子來說是長期且最大的壓力。已經有研究指出：雖然父母之一死亡或是離異，對孩子來說是重大失落經驗，但是其壓力不及每天爭吵的父母，因為死亡與離異可以是一個「結束」，而每天的爭吵卻是永無寧日，孩子也必須每天面對這不間斷的壓力！阿建私下表示他也希望父母親可以離異，畢竟他對父母親的忠誠度也不能偏向某一方。

　　一般的孩子會希望自己長大成人之後可以做些什麼，有自己的夢想，而孩子沒有「未來感」，有時候不是因為孩子沒有美好生活的想望，而是現實生活讓他看不到未來的希望。父母親（或主要照顧者）是孩子最重要的人，也是孩子最先接觸的社會，他們從父母親這裡學會如何與人互動、建立親密關係，也了解生命的內涵。一般的父母親對孩子都有正向的期待，也希望孩子未來過得比自己好，因此會傾注其全力與資源協助孩子，如果父母親對孩子的期待有限，或是言行不一，孩子所接收到的訊息可能就是無望與無力，這就是心理學所謂的「期待效應」。

　　我師大畢業之後，在第一個任教的國中，曾經帶過一位原住民女生，她的運動與學業成績都很好，也很願意學習，但是家裡卻不願意提供她更好的學習環境。我去拜訪她的父母親，她的父親是鐵路局員工，母親在市場賣菜，我說孩子很有天賦，以後可以考師專，但是孩子似乎連寫作業的地方與環境都沒有，因為父母親回家之後會看電視，家裡三合板的隔間根本關不住電視的噪音，我請父母親能否讓孩子寫完功課之後再看電視，也許就晚個三十分鐘，但是母親卻說：「老師，我們都是勞苦人，工作回來很累，妳又說不要看電視？是不是管太多了？」他們說自己的孩子自己清楚，他們對孩子不寄予厚望，要我省了那份心，可見父母親本身對其自身與下一代都沒有願景。只

是父母親是不是因此而讓孩子失去了向上（社會階層）流動、改變命運的機會呢？

　　父母親因為自己的事務而自顧不暇，自然也沒有時間與心力花在親職工作或是教養上，這會讓孩子覺得孤單。阿建雖然還有一個妹妹，但是手足之間因為年齡差距（妹妹念小二），也不太有良性互動，而阿建又不被允許外出活動，因此他的心理壓力也只有靠打電動來抒發。因為阿建的母親是年輕的外籍配偶，有不少這樣的婚姻是商業婚姻，而有些娶外籍新娘的男士本身是經濟或是其他方面的弱勢（如身障或智能障礙），但是骨子裡卻是很典型的大男人，懷抱的是父權文化，婚姻是用來生養後代、彰顯其正常，或是男性權力的一種途徑，也因為本身是弱勢的緣故，將妻子視為財產加以管控，甚至不允許妻子有在外面學習或是工作的機會，這樣的對待方式在子女眼中看起來，是怎樣的一種心情？父母親之間的不對等與權力關係，孩子成長以後，他／她會怎樣對待親密關係與他人？阿建的父親是以「身分」的取得來控制妻子，然而本身的經濟因素卻需要妻子的協助，因為自己的自卑而不許妻子與自己以外的男子認識或互通訊息，孩子在雙親之間看不到愛，只有忌妒、控制與情緒，這是怎樣的家庭教育？

沒有人緣的人

　　葉小振被診斷為過動兒，也斷斷續續在吃藥，因為他的行為常常出乎他人意料，也會惹毛同學，因此校方在與家長會談之後，要求家長監督孩子用藥的情況，並會同醫師做處方的調整，小振的行為改善很多，尤其是在上課時段，只是他老是跟班上另一位男同學阿誠有衝突，許多同學也不喜歡小振，所以導師轉介他來談。小振認為阿誠瞧不起他、故意找他的麻煩，我問小振有哪些事實可以證明他的想法？小振說：「本來就是這樣！」我與小振討論「想法」與「事實」的區別，但是小振沒有被我說服，他說：「我要讓他更難過，不要以為他就吃定我。」可見小振被欺凌已經有很長一段時間，要在短時間內突破其心防不容易。

　　從小振所描述的幾個事件來看，他的確是被阿誠霸凌的對象，阿誠採用的方式有許多種，打架或是故意衝撞的肢體霸凌，散布謠言或離間小振的朋友的關係霸凌，還有故意毀壞其所有物的霸凌行為。阿誠最先也是聽母親的話，隱忍為先，但是後來還是忍不住出手回擊，而這樣的消息傳到家長耳裡，小振還會被爸媽「修理」，我問小振：「怎樣修理？」小振說爸爸會用衣架或是隨手拿到的東西打，媽媽則會抽皮帶打，他展示給我身上的傷痕，有

多處受傷的痕跡，但是他對父母親沒有怨恨，只是認為是自己不乖，應得的處罰，然而我卻在他的表情與行為中還看到一絲的不情願，因為鄰居曾經因為小振被打而報警一次，因此小振還說：「（我）被打，不能出聲。」也許小振認為我是成人，位置跟他的父母親一樣，也擔心我會告訴其家長，因此不敢吐露真實的想法。

小振的生活其實很不快樂，他受制於父母親的要求與壓力，必須到不喜歡的學校來學習，而班上有位老找他麻煩的頭痛人物，讓他不知道自己下一刻會面臨怎樣的情況？後來我聽導師說，小振也會欺負其他同學，而且不認為是具有傷害性，小振自己也說：「我們只是開玩笑，又不會怎樣！」「這樣的行為，一次也許是好玩，但是如果是常常或是每天呢？你也覺得不好受吧？」小振低下頭、迴避我的目光。

因為擔心小振身心受創，我三番兩次邀請小振的雙親出席，希望可以跟他們談管教的問題，但是一直等到小振要畢業的那一學期的四月份，母親才抽空出席。我很擔心小振這樣的情況會延續到國中，那時候可能不是被調侃或欺負而已，後果可能更嚴重；我把這樣的擔心傳達給他母親，小振母親說自己的確有時候出手太重，她也知道不應該對孩子體罰，可是小振與哥哥都是如此，講道理講不

聽，得要動手打人了，他們才肯就範。我與小振母親提到孩子的教養的確不容易，況且她還承擔了主要的責任，而她自己提到自己父親的嚴格家訓，教養出來的孩子都很好，就是不知道為什麼自己的一雙兒子如此不受教！

小振母親說對小振與哥哥，他們夫妻真的是束手無策，小振的哥哥現在念國中，許多行為不服管束，非得要家長動手方休，小振母親說：「我們不知道在事前說過多少次了，他還是再犯，我怕他帶壞弟弟，所以也嚴格要求小振的行為，可是說歸說，這個耳朵進、那個耳朵出啊！」我了解小振媽媽的心情：「做男子公寓的負責人，真是不容易。」「我就是擔心他爸爸出手太重，所以才出手的。」小振媽媽說。我也進一步提出研究數據告訴小振媽媽，「以暴制暴」不是可行的方法，因為孩子沒有其他的方式可資參考，會誤以為暴力是唯一的解決之道，接著我提到模仿行為與暴力的延續等議題，也請小振媽媽可否在出手懲罰之前，先做幾個動作，包括不要在盛怒時體罰孩子，因為可能會傷到孩子的身心，卻無法達到規範的效果，也許自己先深吸一口氣、或是走出房間，等到自己氣消了，再做處置。我發現小振媽媽真的是很重視孩子的行為與教育，只是兩個兒子似乎不太買她的帳，她說自己要工作，回到家還不能休息，兩個兒子常常在外惹事生非，讓她疲於奔命。另外我還提醒小振媽媽，不要隨意斷掉孩

子的服藥，如果孩子吃藥之後覺得不舒服、或是行為上出現問題，也都要回診請教專科醫師；我了解小振媽媽不願意孩子這麼早就受到藥物的控制，另一方面似乎也在暗示她不是一個適任的母親，所以也做了同理與鼓勵。

「我會先試試今天談的一些方法，盡量不先用打的，我也怕孩子以後變成社會的負擔。」小振媽媽離開時語重心長地說。

「也要請葉先生配合。」我加一句。

我的分析

小振與阿誠的關係就是典型的「霸凌關係」，小振是受害者，但是有時候他也變成「反擊型加害者」，也就是受害者會因為反擊加害者，自己也成了另一種加害者。

小振對於父母親的體罰雖然口中說是自己應得的，但是後來也表示父母親出手太重：「用說的就好，幹嘛一定要打？」或許對小振來說，父母親的體罰還有愛的成分，所以他深怕如果父母親不再理會他了，可能就表示不愛他了。這也是孩童心中的矛盾，我告訴小振：父母親的管教是為了他好，但是也不應該超過。接著我們討論到小振可以怎麼做，讓父母親可以感受到他的努力，此外我也提到

父母親的「害怕」──擔心孩子的行為不良，社會也會認為父母親「不良」、不是「好父母」。小振似乎可以明白這一點。

霸凌的防治，不是靠諮商受害者就可以達成，而是需要全套的措施與政策。小振的父母親因為沒有有效管教孩子的方式，只好固定採用體罰，然而體罰的功能只是暫時收效，無法達到長遠的效果。相反地，父母親也因此示範給孩子知道「暴力是唯一的解決之道」，孩子沒有其他的模仿對象，或是其他處理的方式可資傚仿，通常就會沿用這樣的方式來處理人際問題。另外，我最擔心的是：父母親以體罰為管教方式的同時，孩子在身體受到攻擊的時候，感受到的是疼痛與不被愛，而不是父母親的善意動機。

做父母真的不容易，一個孩子就已經是一個重大的責任，何況還是兩個男孩子！小振媽媽的心力交瘁可見一斑，一來要擔任主要的教養者，先生雖然也會幫忙，但是總是在最後才出手，所以使用了他們認為「最有效」的方式，但是打罵卻是最糟糕的管教方式。我將前段的分析解釋給小振媽媽聽，她說她也擔心孩子因此而認為父母親不愛他，基於這樣的共識，接著我與她就討論怎樣的管教方式可以讓孩子口服心服？首先是她對自己情緒的監控，絕

不在盛怒之下處理孩子的問題，先讓自己冷靜下來，甚至
離開現場，然後就會更理性地回過頭來處理；此外，如果
真正要處罰，可以用其他的方式取代體罰，像是收回特權
（如打電動或吃零食）、代工策略（必須協助完成一些事
務）、或適當的反省（如寫悔過書、罰抄心經之類）。逼
不得已要用體罰時，記得在處罰之前，先聽聽孩子的說
法，也告知孩子為何要體罰，然後才施行，使用的處罰
工具不要傷到孩子，也在處罰之後，和顏悅色解釋給孩
子聽父母親的心情（如：「我打你、自己心痛，孩子表
現不好，也證明我這個做父／母親的沒有盡好自己的責
任。」），接下來與孩子約定好哪些行為是可以被允許
的、哪些不能，若是違反，那麼親子一起商議可以補救或
是懲罰的方式。最好的懲罰是與孩子一起訂立，要不然孩
子會認為懲罰是父母親權力的使用，沒有對錯之別。我之
所以提醒小振媽媽「也要請葉先生配合」，主要的用意在
於：父母親都有其功能，通常父親負責保護與刺激情緒；
母親負責滋養與控制情緒，親職是一起承擔的責任與樂
趣，不能只靠其中一方，要不然孩子也學會鑽漏洞，有損
親職功效。

孤兒危機

　　阿誠在學校幾乎每天必定幹架，而且常與人有口角衝突，從五年級開始，他就帶領班上同學跟老師「嗆聲」，不僅讓老師課上不下去，也尊嚴盡失，校長與老師都規勸過他，但是阿誠認為「對的事就要做」，也不管對方是誰？阿誠的個子很小、瘦嶙嶙的，只是打起架來的那個狠勁及眼神，會讓人害怕，他在班上幾乎沒有人敢與他作對，有些同學甚至像嘍囉一樣，任他使喚。老師說阿誠的母親過世，父親在外地工作，聽說也與人同居，放著阿誠給姑姑照顧，但是姑姑似乎對他的管教也很無力。

　　阿誠來到我的諮商室時，基本的禮貌有做到，感覺上很尊師重道，但是他不喜歡談家裡的事。我於是與他玩跳棋，三局他贏了一局，後來我就聽到他吹噓說自己贏了！直覺上，阿誠的自信心是不足的，不然不需要「選擇性地」說出事實，而另一方面也可以強烈感受到他多麼希望被看見、被認可。約談過幾次，我們聊的都是下棋、學校發生的事，以及他所閱讀的小說，阿誠很希望自己是一個懂得很多的人，像是他會購買超商裡販賣的輕小說來看，但是在敘述內容的時候缺乏條理，只是他還是想要繼續說。我聯想到班導提到阿誠回家作業都是帶來學校才抄、才寫，有一回我帶自己學生在他們班上做班級輔導，坐

在後面的阿誠也是邊吃早餐、邊抄作業，還三不五時與旁邊同學打鬧，他這樣的學習效果自然堪慮！

我慢慢了解阿誠的作息，他基本上是「自立自強」地過生活，在學校反而容易打發時間，因為可以跟同學一起活動或打鬧，然而一回到家，他幾乎是一隻孤鳥，常常是自己寫功課，寫完就去夜市晃，他還跟我聊抓娃娃機的過程，也就是說他的生活是缺乏監督或照顧的。阿誠說很少見到父親，見到了也沒有什麼話聊，他似乎很早就接受了這樣的事實。我告訴阿誠他很重視「對錯」，也願意「挺身而出」，只是有時候這樣的作法反而讓他自己吃虧，我說我自己也是單親家庭長大的小孩，就因為這樣，我沒有悲觀的權利，反而要更努力向上，讓父親以我為榮！阿誠似乎把我的話聽進去了，只是他的結論是：「反正也沒有人在乎。」

「我在乎。」我說，看著他的眼睛。阿誠把眼神移開，不再繼續這個話題。

接著，我告訴阿誠我在他班上的觀察，我說他很在乎自己的學習，因此即使作業沒寫完，還是會在早自修時候趕完，同時我們在做班級輔導的時候，他一面寫作業，還積極參與，可見他是一個很在乎自己學習的人。阿誠在班

上有一些很支持他的朋友，像是同學會請他喝飲料，有時候也會罩他。阿誠聽到這些，開心笑了，我當時有一股難言的情緒，因為像阿誠這樣的孩子，在學校要得到誇獎真的太難了，而我所說的，都有實例佐證，也讓阿誠看到自己不錯的地方。

後來的幾次面談，我們都是邊下棋、邊談話，阿誠會告訴我他生活中發生的事，而我之前與他說的話，他還會用來勸告他人。有一次我聽到他同學說，阿誠吹噓自己每次下棋都贏我，我在那週與阿誠碰面時還說他：「喂，不夠義氣！怎麼說我都輸你？」阿誠還會覺得不好意思。後來我有機會與阿誠分享自己第一年所教的一位學生的故事，這位學生個子很小，但是常常與外面的人一起，聽說後來因為一時氣憤，與人鬥毆，慘死在對方手中，我說：「我到現在都一直在想，如果我可以多做些什麼，他是不是就不會這麼早死了？」我告訴阿誠：「你有你的人生，自己可以做更有智慧的決定。」

我的分析

像阿誠這樣的孩子現在似乎越來越多了，父母親不在身邊、或是失職，得由其他延伸家庭的成員接手，但是孩子卻不一定服從其管教。阿誠是姑姑帶的，自己父親自妻

子過世之後，在外地工作，一年難得回幾次家探望孩子，而姑姑本身也有自己的孩子，加上阿誠，等於是額外的負擔，因此她能夠提供給阿誠的教養與照顧有限，我也沒有聽阿誠談過姑姑以外的照顧人。過年後一次面談，我詢及阿誠拿了多少壓歲錢？爸爸有沒有回來？阿誠說他那一天還是在外面買便當吃，父親沒有回來，然後有點沉重地說：「反正習慣了。」我聽了真是有點鼻酸。孩子有他的權利，既然把孩子生下來，卻無法提供孩子該有的教養，對孩子來說是最大的剝奪與傷害。

父母親的位置是不能替代的，即使是「缺席」的父母親，也有它的象徵性意義。但是現在社會要有完整的家庭、又發揮親職功能的已經不多，有其他許多的家庭型態產生，如單親、繼親、隔代教養等，即使是結構不完整的家庭還是可以發揮其功能，養育建全的下一代，只不過要耗費更大的心力與資源！許多家庭並不知道有這些資源的存在，我們的政府與社福單位難辭其咎，另一方面當然也要顧及這些家庭成員的感受（並不是每個人都希望被援助的）。

阿誠的情況如果以阿德勒的「社會興趣」觀點來看，就是他需要被認可、被看見，但是當他的表現又不及一般人的「好」的標準時，就會往「社會無益」的方向前進，

也就是說阿誠也想要做「好仔」，然而當這些嘗試似乎都失敗了，而有一次他不小心表現出「不合宜」的行為、驚嚇到其他人時，讓阿誠以為「至少」自己還「被看見」（雖然是被看見「不好」的部分），所以就朝這樣的方向邁進，這就是所謂的「不默而生、不平則鳴」。

　　我將自己看見阿誠的「具體」優點說出來，而且輔以證據，這樣的誇獎方式容易取得阿誠的信任，他也不會認為我是「亂掰」的，當我讓阿誠看見自己的這些優勢時，他也會重拾自己的這些優勢，對自己的信心增加，而這些優勢也都是導向其往「社會可欲」（社會接受）的方向，這就是「焦點解決」的立論點。我們的社會很強調「責全」，也就是要求每個人的表現要「完美」，像是「考一百分，給一百塊」，這根本就是「不可能的任務」，同時也暗示著「孩子，你必須要完美」，結果卻讓孩子老是看見自己不足之處，信心大減！

　　「焦點解決」的許多觀點在國中小學童身上很適用，而這些優勢都要有依據，不能憑空說出，因為沒有實際證據的誇獎很容易被戳破，也無法達到我們想要的效果。在面對阿誠這樣的當事人時，不要去強調他「不好」的行為，而是從他有些「好」的行為去著眼，所以我提到他的重視「是非」，願意為不公平的事「挺身而出」，而在與

阿誠玩跳棋的過程中，我也看到他很強的學習力，阿誠似乎也認同這一點，他也提到自己想要當警察，我就提醒他當警察不能有前科紀錄，自己要小心。

單親父親的期待

　　小樂五年級，功課在班上算是前十名，老師的紀錄是小樂閱讀理解力較差，但是父親對她這個長女期待甚殷，總認為女兒應該表現得更好，所以特別來與我會談。小樂父親說自己早年與妻子離異，然後就搬回老家與父母同住，目前是借住在父母親家的一間房，一家三口在裡面活動。我聽小樂父親描述自己一天的生活內容：工作回家之後，要看孩子的聯絡簿、協助孩子功課，還要孩子額外作閱讀與數學習題，週末假日會盡量與孩子一起，有時候會帶孩子出遊或是逛街。我嘉許小樂父親的辛勞與盡責，因為在親職工作上他幾乎是親力親為，沒有麻煩自己父母親。小樂父親是一位有原則的人，他認為自己身為老大，卻沒有盡到奉養父母的責任，現在還要回老家借住，因此就更不忍心煩勞老人家。小樂父親其實很盡責，包括他對於教養孩子事必躬親，而感受到女兒漸漸成長，他也在可能的範圍內為小樂以帷幕圈出一個小小更衣空間，只是要給小樂一個單獨的空間，目前還是不可能，而他也固定參與一個親職團體，希望可以讓自己更有能力滿足孩子的需求。

　　我對於這位盡職的父親有許多肯定，他也希望我可以了解女兒的需求為何，他便知道該如何協助。從小樂父

親的敘述中，我發現幾乎是父親一手安排了子女許多的活動，孩子較少自我自由運用的時間。我與小樂父親談了許多青春期孩子的需求與想法，也答應會跟小樂談談。

小樂來時，也很清楚表明父親對她的殷切期待，但是她也深怕讓父親失望，因此也很擔心會犯錯。我進一步了解小樂的課業表現時，發現她因為擔心害怕，反而在學習的策略上很僵硬固著、不知變通。於是我以英文單字的學習開始，教她如何從已經學會的字裡去衍生新字，而有些單字又可以如何創意地記下來，這一招似乎有用，下一次會談時她就說自己英文進步很多。小樂承接著父親的期待、還有弟弟的壓力，因為弟弟在課業上表現傑出、也有很好的才藝，小樂也深怕自己被比下去！

小樂說父母親是在她幼稚園大班時仳離，母親動手打父親，父親沒有限制她與母親見面，甚至還特別要孩子固定與母親聯繫，目前是寒暑假姊弟倆與母親同住，平常一個月也會碰面一次，我在這裡也看見小樂父親的用心。小樂說爸爸很辛苦，我也告訴她父母親有自己的問題要處理，不會牽扯到子女；因為小樂不喜歡閱讀，這也影響到她的理解力，因此我拿了手邊一本有關狗的故事書，與她談裡面敘述的若干趣事，然後送她一本，要她自己去讀。小樂希望父親可以多點鼓勵、多點微笑，因為她常常被罵

得很慘！

　　我在與小樂三次談話的過程中，特別讓她看見學習的創意，接著她就會發現樂趣！當然我也提醒她：可以去發現與開發不同的念書與學習策略，而針對每一個新的學習策略或方法，都要具體實踐一段時間、看成效如何？需要做哪些改善？不要只是試過一次，發現成效不彰就放棄，這樣再好的讀書策略都惘然無效！

我的分析

　　小樂父親的確是位好父親，即便夫妻仳離多年，仍獨力承擔所有的教養責任，而且也沒有抱怨，甚至積極參與許多的親職活動；知道自己的女兒進入青春期之後，他擔心自己無法了解孩子，或提供其應有的一些知能與協助，還特別前來拜託師長。他也沒有因為夫妻的離緣而虐待孩子，或限制孩子與母親接觸，只要孩子母親方面見面時間有變動、打電話給他，他也願意做調整，這是一位非常難得的好父親，不會因為夫妻的問題而牽連、或遷怒到孩子身上，在這樣的父親教養下，孩子會比較健康、願意接納自己。只是因為經濟因素，小樂一家必須搬回老家與原生家庭雙親同住，對小樂父親來說不是他最佳的選擇，而是不得不的決定。我聽小樂說，有一回弟弟拒絕寫功課，還

被祖父處罰，但是絕大部分的親職工作，的確是由小樂父親一肩扛起。於是我在與小樂父親談話時，特別請他照顧好自己，這樣他才會有餘心餘力做好教養工作。

小樂父親還想到女兒將進入青春期，而他這位單親爸爸是不是會有不周到的地方，而主動尋求協助，我就想到自己的父親當年也是央請住家附近的表姊，協助我們「打理」有關女性的事宜。不論是小樂或是我的父親，在擔任親職工作時都會反省，考慮到自己的不足，而適時地向外求助、找資源，現在的資源很豐富，只是不知道父母親會不會考慮到這一點？

對於小樂的期待，父親認為小樂沒有發揮其潛能，而小樂的閱讀能力影響到其他科目的學習，導致她又不喜歡閱讀，是一種惡性循環。當孩子有心理壓力，而父親又有更多的期待時，小樂就施展不開，一來怕辜負父親，二來就以成績來「評斷」自己的好壞。我們的學校制度，向來是以填鴨式教育為主，近十多年來雖然有所改革，但是學生的壓力不減反增，許多家長面臨即將實施的十二年國教有更多的擔心，導致孩子的課業壓力較之以往更甚！以前在建構式數學推廣的時期，許多孩子的閱讀能力都退化，閱讀能力影響到他們其他科目的學習，許多孩子看不懂數學題目，得要師長在一旁協助念出才理解題意，加上現在

孩子們接觸電子科技的機會增多，只要用打字或鍵盤就可以，因此許多寫字認字的基本功也因此無法打下基礎，加上有些家長心疼孩子，不讓老師們出更多的練習作業，這些也都對孩子的學習有負面影響。

一般家長會鼓勵孩子唸書，也補充課外讀物，有的會帶孩子去圖書館或書店，讓孩子提早養成閱讀與休閒習慣，但是時代變遷，許多家長與孩子相聚的時間大幅減少，「放牛吃草」的家長也所在多有，經濟發展呈現M型的同時，我們的資源與教育的分配也是如此，這也是目前有關當局必須要正視的重要議題。

我喜歡她

　　小吟六年級，是原住民孩子，也是家中最小的孩子，上面一個哥哥，也因為哥哥學跆拳道的緣故，小吟也跟著一起學，但她陽剛性很強，舉止行為之間像男孩子一樣，還會開男性器官的玩笑。小吟善於運動，在班上也是與男同學相處較為融洽，她說媽媽也希望她「像女孩子」。老師之所以轉介小吟來談，主要是她已經連續幾次「約」隔壁班一位女生出遊，但是對方拒絕，於是她就寫了一封「哀的美敦書」，告訴對方「我很愛妳，所以我恨妳」的話，讓收信的對方不知如何是好，對方導師將這件事反應給小吟的班導知道，小吟的導師就轉介小吟過來與我談話。

　　小吟的班上也是出現霸凌很多的班級，因為有人帶頭，搞得大家都無心課業，小吟說她也很厭煩班上有這些人故意破壞秩序，搞得大家都無法專心學習，但是因為帶頭鬧事的男生是她的朋友，她也不想背叛好友，只希望可以安然度過畢業前這幾個月。我與小吟提到班上可以一起行動、抵制少數人的胡鬧，也提醒她青春期階段，會喜歡異性或同性是正常的，只是女生喜歡女生的情況不多見，許多人不了解，就會有許多偏見，也會增加困難度，或許她心儀的對象也是如此，所以不知道該如何回應她的信。

　　小吟有一百五十多公分高，皮膚黝黑，笑起來很可愛，眉宇之間也有該年紀沒有的成熟，她願意主動表達喜愛，也是一般人不會有的勇氣表現，只是在小學階段，許多人對於少數性傾向的人還是抱持著偏見與歧視，因此遭遇的阻礙會更多。我不清楚小吟在家中互動的情況，也許父母親之前沒有特別要求，而她又常常跟著哥哥活動，所以將兄長當作模仿的對象，但是小吟在學校人緣不錯，體育方面的才能讓她也有許多男性朋友，只是青春萌發期，賀爾蒙開始啟動，她開始有了喜歡的對象，只是她喜歡的對象同樣是女生，對方不知如何因應，而老師們也不知道該如何協助。小吟在與我面談的那一次，沒有深入談及她喜愛的對象，也可能不清楚自己為什麼會被約談？所以我只是與她閒話家常，但是可以觀察到她的防衛，因為她對於我的許多問話仍持保留態度、不表示意見，我於是只好就青春期的尋求親密關係來下手，主要是傳遞一個重要訊息：喜歡對象的性別不一樣是可以的，只是目前的環境有許多人不了解，可能會有偏見。另一方面，也肯定她願意說出、主動追求的勇氣，只是對方也有選擇的權利，倘若得不到想要的回應，也可以接受，因為人生過程中總有一些事不如己意，但不是世界末日或災難，未來她還是會碰到自己喜歡、對方也喜歡自己的人，這樣的緣分才是值得珍惜的，如果只是自己單方面喜歡與付出，通常結果並不是自己想要的，不僅辛苦、也很難受。

我的分析

　　小吟開始有喜歡的人，只是她喜歡的對象跟自己一樣是女生，這一點相信她也覺察到不同，然而那種勃發的衝動，還是讓她採取了行動，只是久久都沒有得到回應，小吟就非常生氣，然而儘管她生氣，也無法改變對方可能不喜歡她的事實。女同志常常失戀，因為她們喜歡的對象多數不是同志、而是異性戀者，而我比較擔心小吟的父母親若知道女兒的性傾向之後，態度如何？會做怎樣的處理？通常在碰到這樣的案例時，我都會教育當事人與相關的重要他人，讓他們知道同性戀不是「選擇」的問題、而是與生俱來，自己的孩子不管性傾向如何，都是自己的寶貝，更要持續地支持與協助她好好過生活，因為許多性傾向少數的孩子，常因為自己的性傾向不被家人接受，而遭受極大的痛苦，有些家人甚至斷絕與孩子的關係，讓孩子痛不欲生。

　　喜歡同性的人有兩種情況：一是純粹受到同性人的吸引，一是希望自己是異性而喜歡同性。前者是所謂的「同性戀」，後者則是有「性別認同」的議題。以前碰到一些認為自己是同性戀的當事人，但是同性戀者不會因為不喜歡自己的性別而做一些變性的舉措（如男性服用女性荷爾蒙，或是動變性手術），反之，「性別認同」問題者常因

為自己的生理性別（如男性）與心理性別（女性）不相符，所以希望自己可以裡外一致，改變自己的生理性別。以前我曾經遇過一位青少年，早期就因為自己的女性舉止，受到家人與同儕的處罰或戲弄，他在高中開始就自行服用女性賀爾蒙，許多男性的第二性徵也退化了，他自認為是「同志」，我告訴他他是「性別認同失調」，況且太早服用賀爾蒙，與自己體內的男性賀爾蒙相抗衡，對自己的健康有很大妨礙（類似泰國「人妖」的作法），一般的程序是希望在成人之後再做決定是否動變性手術，因為變性手術是「不可逆」的（也就是無法再改變回來），而在動手術之前基本上醫生會建議兩年的「緩衝期」，也就是先以異性的身分過生活，真實體驗一下身為異性的生活之後，再做重大決定。以我目前所得的資訊，我不清楚小吟是屬於哪一種情況？

性別認同的議題，在青春期會特別凸顯，因為這個階段也是開始「長自己」的關鍵時刻，一般的青少年會因為要凸顯自己、為了反對而反對，而也會比較朝向典型刻板性別行為的方向去發展，像是男性就要表現得很陽剛、有魄力與決斷力，女性則是表現陰柔、體貼，而同儕的影響是最重要因素；另外，媒體的推波助瀾也更僵化了性別角色。可以想見在這個時期，如果個體表現出不符合其生理性別的舉止（如娘娘腔或是男人婆），可能就會受到奚

落、嘲笑或是欺侮，但是普遍說來，男性因為表現出非典型性別行為而受到欺凌的機會比較多，可見我們社會對於男性的要求較為嚴苛，雖然社會似乎對於女性之間的情誼較能寬容，但是對於同性戀者還是認識不清，有太多偏見，甚且加以壓迫。「性別認同」是「自我認同」很重要的一部分，大部分的異性戀者無法體會其重要性，因為不會遭遇少數性傾向者所面臨的問題（如被歧視或敵視）與挫敗感（如被家人拋棄或是凌虐），但卻是少數族群要面對的嚴重挑戰，許多同志或是雙性戀者無法熬過這一關，而做了自傷或自裁的不智選擇！

我國近年來提倡「性別主流化」，主要就是認同性別是「流動」的事實（沒有所謂的「全然」男性或女性），少數性傾向族群也不是自我選擇的結果，而是天生自然，只因為這個社會不接受這樣的情況、也由主流的異性戀者掌控權力，因此讓許多少數族群受苦、無法同享人權，這也是我們政府與社會需要繼續努力的目標！

如何使用元氣波？

　　小杰三年級，在學校常常因為鬧事而受到懲處，老師說他說話聲量很大、暴躁易怒、自我中心，也因為如此，人緣極差、常與人發生口角，有時也會動手；老師說小杰常常侵犯他人，也愛引人注意，只是措詞不良，讓人覺得他很粗魯，需要師長一直叮嚀與規勸。小杰提到自己的優點是聰明、會教別人寫功課，缺點是會跟人吵架、朋友太少。

　　我第一眼看到小杰，他還很有禮貌，進門會鞠躬、問好。小杰的個子很高、很壯，他說目前住在姨婆家，姨婆是退休老師，與姨公兩人對他的管教很嚴格。小杰不諱言父母在他小時候就離異，爸爸在外地工作也很少回家，小杰說他父親已經結婚三次，他還有另一個同父異母的弟弟。小杰有一陣子跟著外婆住，因為外婆在市場販賣藥品，還被警察約談，於是小杰就又被接回姨婆家住。小杰幾乎沒有出遊的機會，唯一的一次是舉家去三地門遊玩，那一次也是跟姨婆、姨公與爸爸。我問小杰，除了在家玩電腦、看電視，會怎麼打發時間？他說會去一家量販店看書，有時候七、八點才回家。

　　小杰很善談，也不怕生，但是他說的內容都是電動

遊戲的人物，我仔細聆聽，有時候還會發問，雖然敘述內容千篇一律，但是小杰似乎不知道自己的話題不容易吸引他人的興趣。我請小杰去觀察那些人脈好的同學有哪些特質？他後來告訴我：脾氣好、聰明、熱心助人（對有困難的人伸出援手），以及注意衛生等，我嘉許他敏銳的觀察力，也告訴他他身上也有這些特質，他就舉了自己最近幫助同學的事蹟。我要小杰把他談的動畫裡這些人物畫下來，他就邊畫邊說，還提到其中一位厲害人物有所謂的「元氣波」、是厲害的武器。當時我有一種感覺是：他是個寂寞的孩子。小杰說姨婆會限制他打電腦的時間，但是他沒有其他的娛樂。

我於是問小杰：「你的元氣波也很強，因為你說話很大聲、力氣也很大，你會把元氣波用在哪些地方？」小杰說用來反抗對他不好的人，我說：「除了這個呢？有沒有幫助別人的？」他就舉出自己曾經協助他人的事件。小杰談到自己的優點是聰明、會教別人寫功課，缺點是會跟人吵架、朋友少，我問他想不想讓情況不一樣？他很肯定，接著我們就討論到他「會跟人吵架」這一塊，主要是因為同學挑釁，他就容易被激怒，因此就有不可收拾的後果，我們一起商量有什麼方式「不踏入對方的陷阱」。對於自己未來，他想要設計電腦遊戲，我們就談到要達成這個目標需要具備的條件。

「元氣波很重要，這麼珍貴的東西要小心使用。」我提醒小杰。

當他揚聲說話時，我就提醒他一下：「隔壁在上音樂課。」雖然需要經過三番兩次的提醒，但是小杰也慢慢會管控自己的聲量，還會誇獎一年級小朋友的美術作品，我誇獎小杰是一個知道善用元氣波的人，然後跟他談到在課堂上要怎麼使用元氣波？

有一回我撞見他被老師唸，他就是低著頭，偶爾還用眼斜睨一下老師，他的悔恨寫在臉上，只是要做立即修正還是有難度。小杰看到我，有點不好意思，下一回我見到他，也沒有提這一件事。與小杰下棋的時候，我發現他比較衝動、不會思考到下一步，於是在遊戲過程中，慢慢經由提醒，讓他可以先思考，他其實就有很大的進步。

小杰在第四次面談時，提到自己對於父母離異的看法，他覺得很丟臉，他說因為那時自己才兩、三歲，對媽媽沒有記憶，父親也要他學會自己照顧自己，我於是與他談及父母親離婚是他們自己的問題、需要去解決，與子女沒有關係，不要因此而貶低自己，或認為自己不如人。小杰說自己也不喜歡爸爸，因為他曾撞見爸爸向阿嬤借錢，竟然可以破口大罵，讓他覺得爸爸很可怕，他還說爸爸常

常向阿公、阿嬤與姑姑借錢，他也不喜歡。

我的分析

　　其實小杰是個「缺愛」的孩子，感覺自己被推來推去，沒有一個主要照顧者可以依附，而父親又有多次婚姻、加上自己目前的家庭，也沒有時間與心力來照顧小杰，怪不得小杰碩壯的身影看起來好孤單！小杰因為沒有其他休閒娛樂，加上在學校人緣不佳，自然也無法與他人有良好互動，也不清楚其他人都在玩些什麼，即使知道、也不在受邀之列，所以就更無法融入同儕的活動圈，當然他就只好獨自打發時間，而電腦就成為他的好朋友，只是姨婆會限制他遊戲時間，也因為他所玩的遊戲很單純，自然話題就無法脫離這些。我與小杰面談時，儘管他的話題還是會繞著電動遊戲，但是我用其他的遊戲來吸引他的注意，同時也可以拓展他的休閒娛樂種類，這樣子他也可以與同儕有更多互動的空間與興趣。

　　現代的家庭有多種樣貌，許多單親母親寧可自己獨力扛起教養責任，不再論婚嫁，但是有時候同居人卻不一定會善待孩子，造成許多孩子因為管教不當而受虐。離異後的男性則有八成會再婚，通常自己另外又生養孩子，前一次婚姻的孩子就受到冷落，有些還被送回給祖父母教養，

孩子自然覺得被拋棄，在心理上就很不平衡，倘若孩子又不覺得被愛或受到照顧，情況就會更棘手！若干年前，有一個國小輔導主任，發現學校新轉來的一位四年級男生常常打架、沒有朋友，常常隨著單親父親的工作而遷居，於是就將這個孩子託付在一位很有愛心的老師班上，主任只要求這位導師「好好愛這個孩子」，結果一個學期下來，小男生簡直變成另外一個人，不僅有禮貌、笑容很多，也有了許多好朋友，但是期末時，小男生來報告主任：「老師，我們又要搬家了！」主任聽了眼淚止不住掉下來，很心疼這個孩子，但是也無可奈何！這樣的孩子又要重新輪回原來的惡性循環。

　　與孩童溝通，最重要的是使用他們也能夠理解的語言，但是也不是刻意使用他們次文化的語言。每一回我都仔細聆聽當事人所說的，盡量去了解他們的生活內容，雖然有許多的電動遊戲我真的不懂，但是至少我可以提供傾聽的耳朵。我的處理方式很簡單，就是提供新的、簡單的休閒娛樂（玩油土、跳棋、看故事書），拓展小杰的經驗與生活內容，當小杰的話題可以從電動玩具轉換到其他的生活面向時，他也學會了讓自己不無聊、打發時間的方式，進一步可以邀請同儕一起來參與，也讓他可以重新融入屬於他的同儕團體。諮商師的功能之一，就是讓孩子的生活更快樂，而我的角色與學校老師不同，因此不會將孩

子在課堂上的表現無限延伸（所謂的「月暈效應」），因為這樣對孩子很不公平！當孩子被看見自己的「能」與「優勢」，他就更有動力往「對社會有益」的方向前進，也減少了許多可能的社會成本。

善力的使用

　　與前例小杰情況很相似的小胡念二年級，他個子很高大，是班上第二高，個性很活潑、大方，上課態度也不錯，只是常常與同學起爭執，因為使力不當，會傷到人。老師說小胡父親是退伍軍人，目前與母親二人開早餐店為生，哥哥念高中，與小胡有一段年齡差距，因此小胡雖然與同學有一些糾紛，但後來還是會玩在一起，這一點小胡似乎不擔心。只是老師希望他可以控制自己的力氣，同時希望他作業潦草的情況有所改善。

　　小胡說自己的視力不佳，目前戴的眼鏡度數不足、但另一副度數又太深，父母親會控制他玩電腦的時間，他坦承自己「很嚇人」，他跟別人的衝突也是「氣一下」而已、無傷大雅，他說父親管他比較嚴厲，生氣時還會打他。我告訴小胡，不是每個人都可以像他一樣高大又有力氣，而有這樣優點的人是有能力做更多好事的，於是我們談到「暴力」與「善力」的區分，也要小胡進一步去思考「如何使用善力」？

　　小胡也參與一些體育活動，像是直排輪與圍棋社團。不過就像目前許多小學生一樣，他也要補習數學。在與小胡下跳棋時，發現他真的很衝動，幾乎是不管我下了沒

有、就想下下一步，我提醒他遵守規則，幾次之後，漸入佳境，可以想見小胡的「衝動控制」部分需要加強。

基本上小胡的家庭狀況不錯，父母親方面沒有爭執，只是在管教上父親較為嚴厲，有時候也無法控制自己、會動手打孩子。我初步估計小胡的問題有兩點：一是他力道的使用，因為他身材高大、又有力氣，與別人互動時不知道自己力氣的影響力，有可能會誤傷他人，這也許會影響到他的人際關係；二是他父親對他的管教還是有體罰的部分，可能也要去考量孩子無形間的模仿。此外，家長對於小胡的作業似乎沒有太多的要求，因此小胡寫得很潦草，另外一個可能是父母親監控得不夠。

我也注意到小胡的個性，他基本上很有禮貌，只是許多動作之前沒有仔細考量，然而因為他的脾氣還算和善，與人互動也比較沒有太大的問題。因此我與小胡的互動中，先加入了「下棋」，從中觀察他的反應，他會遵守規則，但是不會有太細膩的思考，經過幾次糾正之後，他也會開始去思考後面的步驟，可以看出小胡的可塑性極高，只是缺乏教導而已！像小胡這樣的孩子，只要適當的示範與教導，其實都可以學習得很好，我請家長多聽聽孩子說的，不要只是就「結果」來論斷，因為小胡的天性善良，只是偶爾不知道正確的作法，因此會造成一些不良的後

果。小胡的許多力氣不知道如何善加使用，參與「運動」是很好的一種方式，因為運動會有規則，也可以經由練習讓動作更細緻，他既然已經參加了直排輪，可以學習到如何掌控自己的力量，我鼓勵他多參加幾項，一來可以打發時間、二來養成許多的技能。

我的分析

小胡的身材比同齡的孩子要高大許多，有好處也有壞處。好處是在同儕中有鶴立雞群的效果，壞處是也可能因為太高大而動作拙笨，小胡的情況似乎就是如此。人的發育在嬰兒與青春期是兩個高峰，但是孩子在中年級時身材體型也會有一段快速成長期，加上小胡的父母親可能也較高大，讓他在小二就特別醒目。

男孩子的粗大動作發展較快，女性則是細膩的動作發展較佳，這些也都需要時間慢慢訓練，才可能運用得很好，小胡或許在這方面較少得到回饋與訓練，所以連他自己也說「很嚇人」。沒有小朋友希望以「嚇人」來博得聲名的，小胡當然也很願意融入同儕團體之中，只是還缺乏一些適當的技巧，因此容易引起誤會。倘若小胡可以在教導之後，慢慢學會運用自己的能力，他一定可以擁有許多的友誼。

　　我不清楚小胡的母親是怎麼讓自己周旋在「三個男性」之中的？許多的母親，像小振的母親那樣，養了兩個兒子，卻不太了解要如何與他們相處、教養他們，在許多情況下可能就使用了較為嚴厲的懲罰。我與許多家長接觸的感想，大家對於兒子與女兒的教育還是有差別的，認為女兒較貼心，許多事用說的就可以，但是對於兒子的管教通常會有較大的挫折，何況是孩子都是男性時，其管教困難度會增加很多！

　　我們在親職教育上當然也是「適性」最佳，因為每個個體不同，但是還是有一些社會文化（包括「性別」）的影響存在。一般家長還是按照社會對於不同性別的教養規範在做，希望兒子勇敢決斷，女兒溫柔體貼，如果兒子太符合男性的標準（太「man」），或是不符合其生理性別該有的表現（太「娘」），對家長與孩子來說都不是好事！然而，「正確」的標準又在哪裡呢？真的好難！母親不熟悉男性的世界，因此許多事情在要求不得其果之後，可能就會邀請父親涉入，而許多父親也就以自己所接受的教育來對待兒子，這樣的結果就會極力「吻合」社會對性別的要求，沒有考量到孩子的個別性。

　　我的臨床經驗中常常碰到不同年齡層的男性，他們常常被夾在「傳統」男性角色與「想要做的自己」之間。

來到諮商室，倘若還是碰到一些有傳統思想的治療師，有時候就不能暢所欲言。男性要求助，必須要打破許多的「禁忌」，因為「求助」本身就是被視為「懦弱」、「不男性」的行為，如果治療師還是女性，會讓自己更顯得弱勢！而治療師是男性，又是情何以堪？（怎麼可以在另外一位男性面前呈現自己需要協助？）這樣的文化緊箍咒，阻擋了男性求助的可能性。我最早在大學接觸的一個大三男生個案，讓我省思「性別」在求助過程的重要性，因為起先他不肯告訴我真正求助的原因，後來那個「掩飾的」問題解決之後，他才因為對我的信任而提出真正的困難（親密關係）。即便是在小學做諮商工作，我也時時提醒自己社會文化因素的脈絡與可能影響，以免自己誤判！

早熟的女孩

　　小雲三年級，但是有幾次偷竊紀錄，其中幾次還被直接抓包，母親雖然也很生氣、警告過她，但是也無法遏止她的這個行為。小雲外表看起來比同儕要成熟，而且用字遣詞也高乎同齡的水準，當我告訴她我的發現時，她非常高興，說自己讀很多書。

　　小雲是獨生女兒，老師對她的評語是活潑外向、能言善道，也很會察言觀色，是相當細膩又聰穎的孩子，也因為這樣，她也會利用自己的人脈，來疏離與傷害他人。小雲家是低收入戶，父親患有憂鬱症、在家休養，母親的工作不穩定，但是會提供孩子許多學習的機會。小雲說自己看到喜歡的東西會想要據為己有，有時候就會不告而取，有一次還拿了老師的東西，隔天才承認。小雲母親最擔心孩子現在偷竊成性，而且為了掩飾自己所犯的錯誤、還會說謊，偏偏小雲知道自己錯了，也寫了悔過書了，但是還是再犯，讓家長與老師都疲於奔命；老師比較擔心的是：小雲才九歲，說謊時的表情極為鎮定，這樣的孩子有改過的可能性嗎？

　　小雲可能身為獨生女，與成人接觸的機會較多，也較能夠與成人對話。通常獨生子女或是長女，與成人的關係

較好、也較為早熟,因此在她與我見面時態度很好,也極為成熟。她說她喜歡成為注意的目標,所以有時候表姊來訪時,母親較忽略她,她就會不高興。

　　我沒有針對小雲的偷竊行為做處置,而是去了解她這個人,她自己後來也表示,想拿別人的東西是因為「想要」,這可能與其目前家庭的經濟情況有關。雖然她也清楚「不告而取」是不對的行為,但是有時候就是止不住這樣的衝動!小雲認為自己的偷竊行為對他人妨害不大,因為「他們可以再買新的」,也就是她認為別人沒有了、「再買」就會有了,這樣就沒有損失。我請小雲設身處地思考一下:「如果是妳的東西不見了呢?妳會怎樣?」

　　「我當然很生氣!」小雲說。

　　「如果人家告訴妳『再買就有了』,妳覺得呢?沒有關係嗎?」我問。

　　小雲低頭不語。

　　接著我就與小雲談到一個人的行為會影響到別人願不願意跟她做朋友。

　　關於小雲關係霸凌的問題,我是在下棋時慢慢跟她聊開的。她說她不喜歡有些人,所以會要其他人也不喜歡這些人,我說人都有選擇朋友的權利,也許她不喜歡某個

人、但是其他人喜歡，為什麼不可以？然後我就問小雲：「所有的人都討厭妳嗎？」她搖頭，我繼續問：「那麼所有的人都喜歡妳嗎？」她也搖頭，我說：「而且，喜歡我們的人，我們也不一定要喜歡他／她，對不對？」她笑了。我們接著就聊我們朋友的優點是什麼？從朋友身上我們可以學習到什麼？而小三的孩子交友，還是所謂的「抓背原則」──就是你對我好、我也對你好，今天吵架、明天可能又和好。

我的分析

　　小雲的偷竊行為可能是基於孩子的需要，儘管師長曉以大義，但是對於小學三年級的孩子來說，有時候還是抵擋不住誘惑，只是這樣的行為會不會變成習慣？該怎麼做才不會讓情況更糟糕？可能就要家長與學校的通力合作，「訓誡」偶一為之，但是效果不佳，要讓孩子養成為自己行為負責的能力。像是當孩子拿了別人的東西，家長要覺察到孩子的行為，然後可以用收回特權，或是「以工代賑」補償對方損失的方式來教育與處罰，而不是將物品還給對方而已，因為這樣的處置方式沒有讓孩子學到行為的後果與自律的功課。此外，還可以讓孩子設身處地、假想自己是物品被拿取的對方，可能有的心情與想法如何？因為小雲也不希望自己揹上「竊盜」的惡名，因此了解她的

需求，以及依循正當方式取得，才是真正治本之道。

「說謊」是孩子做錯事時，用來保護自己的方法，其實大部分的孩子都很誠實，「說謊」對他們來說都不自在，因為已經開始有道德感受的發展，會覺得羞愧或後悔，因此在與孩子做面質時，不要先以嚴厲的態度質問，而是蹲下來，或是平起平坐的方式，仔細詢問孩子事情發生的過程，也同理她可能有的感受與想法。以小雲的案例來說，我會說道：「我知道這樣子做錯了，想要把東西還給他／她。」或者是說：「拿了不屬於我的東西，我也覺得不舒服，好像別人知道是我做的。」通常孩子感覺你／妳願意聆聽他／她時，他們就會卸下心防，願意坦誠以告，而當你／妳可以說出他／她心裡的感受與想法的同時，也就不需要以說謊來掩飾自己犯錯的行為。

教育者還要讓孩子知道：犯錯是會發生的，但是知錯能改才最重要！同時也要讓孩子了解到：當自己為犯過的錯誤做修正時，還是值得被愛的孩子。我記得自己在大學時，擔任榮譽觀護人，協助虞犯少年。其中有一位私立高中的男生，一向很優秀，但是卻在一次物理實驗課後，聽從同學的慫恿，將實驗器材搬出來再玩一次，結果就犯了竊盜罪，判保護管束三年，但是讓他最痛苦的不是被觀護，而是自此之後母親對他的態度一百八十度大轉變，不

像以往那樣對他噓寒問暖，當時這位同學告訴我：「那是比死了還要更痛苦！」我想那是母親因為失望而「抽回」愛，讓孩子更痛不欲生！

雖然我們可以「從小看大」或「觀微知著」，但是我不太贊成「一『事』定終身」——以一件事來看一個人的一輩子，孩子犯錯是正常，因為他們在學習，可以給予適當的機會加以改善；有時候孩子做錯，是因為不知道「怎麼做才對」，因此示範與監督有時是必要的，要不然就變成「不教而成謂之虐」，許多犯罪青少年在服監時期，就是因為家人的不離不棄，才有勇氣重新開始人生。而關於小雲霸凌他人的部分，其實也可以讓她練習「同理」（包括受害者的感受），與不同的人接觸，這樣她就可以學會更寬容。當孩子有同樣的遭遇、或是可以站在他人角度去感受或思考時，就能夠學會更多人際技巧，也更能接納不同。

如父如子

　　小朋個子小，初見他時有點怯弱、沒有自信，老師說他還不積極、很懶惰，人際關係欠佳。小朋父母在兩年前離異，他說是因為父親不工作、晚上跑出去，小朋是隨單親父親居住，還有祖父母，但是由姑姑照顧。小朋說自己每天會打電話給在中部的母親，母親只擔心他有沒有受傷？放假或過年小朋會去與母親居住；他的數學最好，因為姑姑會教。小朋父親之前無業，任由孩子玩電動，甚至還曾帶孩子去網咖，對於孩子的行為與課業幾乎是採「放任制」，小朋寫作業字跡潦草，老師要求他重寫，他還會回家向父親哭訴。

　　我請小朋回憶自己作業寫得不錯的時候，他說有一次國語得甲上，於是我與他討論「不能」與「不為」之間的差別，根據小朋的紀錄，他應該是「不為」（不去做）的意思，小朋於是與我約定字寫慢一點，這樣就不需要重寫。因為小朋的發音比較不清楚，於是我花了很多時間去傾聽，慢慢可以知道他想表達的是什麼？雖然小朋見我身體湊近、有點不好意思，但是當他發現我可以聽懂他的時候，他的話就更多了，表情也舒緩許多！尤其是當他憶起自己曾經有過不錯的表現時，那種驕傲與天真的表情，真是讓人心疼。

　　小朋有點說話不清楚，可能因為這樣，導致自己很難被理解，影響其人際關係。他被動、消極的學習態度，自然影響到其學業成就與學習動機。學校老師曾經建議家長是否帶去給醫師檢視，看有無改善之可能？或許也可以仰仗語言治療師的協助，但是家長也沒有進一步動作，負責照顧的人也不知道該怎麼尋找資源吧！小朋也會認為自己是有缺陷的，而當自己的重要他人也沒有耐心細聽、理解他的時候，可能最後也會放棄溝通，這樣的影響會更為負面而嚴重。

　　小朋基本的學習能力應該沒有問題，只是缺乏愛與監控，會讓他認為自己要為何而努力？如果不趁早做一些修補動作，小朋可能就更龜縮，甚至不願意嘗試新的行為！我請老師給小朋多一些鼓勵，也要藉由機會教育讓同班同學可以接納他、願意跟他一起遊戲與學習，這樣子小朋或許會少一些自卑與害怕，看待自己與未來的觀點就會有所改變。我不知道自己傳達給小朋父親的訊息會不會被接收到？但是如果班導願意花心力與時間，讓小朋更融入班級活動與人際關係中，孩子的自我強度就會因此而慢慢增加，可以抵抗來日可能遭遇的困挫與挑戰，因為當孩子的家人無法給予小朋注意與關懷時，我們就必須要讓小朋生活中其他人成為「重要他人」，有這些人的支持，孩子才會走得平穩，不會擔心害怕。

　　小朋的父親自顧不暇，目前也沒有餘力可以照顧好自己的孩子，孩子在這樣的父親監護下，對自己與未來也不會有展望與信心，因此總要提供小朋其他的選項，讓他知所選擇，如此就可以遏止類似的代間傳遞或惡性循環持續下去。

我的分析

　　父母親在親職教養上各有其職司，有父親在身邊的孩子較有自信與勇氣，有母親在一邊呵護的孩子，會有同理，情緒也較為穩定。小朋因為自身的語言障礙，讓他覺察到自己的與眾不同，在與人互動時也因為不被理解而被忽略，而同儕也可能因為對於「不一樣」的孩子、較不能接受，這種種因素都會影響到小朋對自己的看法與信念。

　　之前我也曾經遭遇過一位只顧自己的單親父親，工作完畢回到家，就只會窩在客廳沙發看電視，根本不理會在念國中的兒子，偶爾要買飯或是叫兒子買餐時，彼此才會有互動。離異的妻子罹患精神疾病，每天也只會打電話給兒子問吃飽了沒？這樣孤單的孩子竟然想尋死！我後來發現情況不對，想要與學生父親對話，但是他就是不出現，後來我只好從學生的學校裡找到幾個願意協助的老師，充當他目前生活的照顧與仰賴者，這樣才協助學生度過苦悶

的國中生涯！

　　有八成的單親父親在離異或是喪妻不久就再婚。反觀單親母親，因為擔心新的伴侶無法以同樣的態度對待自己的孩子，寧可獨力撫養小孩，再婚率只有四成。為什麼會有這樣的結果，就是因為許多人還是認為母親是擔任教養工作的主要人手，而父親的主要職責是家庭生計，因此「要找個女人幫他養孩子」，很多單親父親也因此有這樣的信念，認為教養孩子是女人的工作，自己既然不行，就放手放任。然而，在這種單親父親家庭裡的孩子，即便有延伸家庭的協助，自己卻不願意花心力來關心孩子，孩子也很容易有被拋棄的沮喪感受，小朋就是一個活生生的案例。

　　生育孩子容易，教養才是最難的。小朋的父親連自己的生活都一團糟了，如何作為孩子的典範？沒有感受到自己被關愛的孩子，又怎麼會愛惜自己、認為自己有價值？極少數的家長是對孩子沒有展望或願景的。自己做粗工、也不期待孩子可以有更好的生活。我不清楚小朋的父親到底是因為期望落差，還是心力不逮，因此才會對孩子的教養如此疏忽？只是不免也有人會質疑：如果將父母親該做的事攬下來，這位父親不就逃脫了自己的責任，甚至更不負責了嗎？我們站在助人專業的立場，有時候真的也不能

想太多，因為顧慮太多可能也就做不下去了，而受到最大傷害的還是無辜的孩子！我之前也聽說過一位國中女生，常常輟學去外地玩，當時導師也很關心這位學生，後來愕然發現女同學受到失業父親的酒友性侵，對方為了遮掩事實，就給女同學金錢堵口。女同學玩心也重，因此陸續與其發生了幾次性關係，導師的危機處理很迅速，馬上讓社福機構介入，將父親親權拿走，同時將女同學做安置，女同學因此過了三個月安全平順的生活，但是後來父親又拿回親權（這也是我們法律尊重親權的結果），學校老師們會偶爾資助這個父親失業的家庭，但是這位父親後來卻食髓知味、變本加厲，隨意出入老師辦公室行竊，學校的善意並不能喚回這位父親的良知，也無法改變其行為。

目睹受暴兒

　　小敏是母親未婚生子的孩子，今年四年級，她很活潑，也樂於助人，目前與媽媽及外婆全家人住。老師說小敏很努力學習，但是擔心她的學習成果不如預期。開學不久，單身的舅舅在家中燒炭自殺未遂，家人也不忌諱在小敏面前談論，所以家人所談論的內容幾乎都被小敏毫無判斷地吸收了，小敏相當害怕，跟老師說時涕淚橫流！老師擔心其心靈受創，所以轉介來做諮商。

　　小敏說舅舅已經兩度企圖自殺，目前正在住院治療。小敏說媽媽會跟外婆談有關舅舅的事，所以她會聽見，因為小敏都是跟著媽媽行動，因此成人間的對話（包括醫護人員），她都會在旁聽到。因為第一次與小敏談話時是事發第三天，檢視小敏生活與行為上有無變動，她說自己之前會做惡夢，但是目前不會，其他生活作息也都正常，因此我請導師轉告家長：不要在孩子面前談一些事情，免得孩子因為不了解而產生恐懼，有時候也適時與孩子做一些討論跟溝通，不要將孩子視為愚痴或是理解力不足；也因為孩子目前的認知發展受限，因此會有過多不明的焦慮，反而讓他們更害怕，甚至有錯誤的解讀。成人不願意孩子太早了解死亡之必然，當然情有可原，只是上了小學的孩子都已經知道死去的不會再回來，但是因為成人自己的認

識不清，反而給了孩子最差的生命教育。

　　小敏說自己很害怕，怕家裡人會死亡，舅舅的情況不知道會不會再度發生？小敏說因為跟著媽媽一家人住，知道舅舅可能生病了，可是不知道是什麼病，媽媽跟阿嬤他們談的內容她不是很懂，所以會更害怕。我猜想小敏的舅舅可能罹有慢性疾病以及憂鬱症，所以有強烈自殺的企圖，這一次的事件不會是最後一次，等舅舅出院之後，可能還會有自殺嘗試，倘若事情未獲得想要的解決，自殺危險性還是存在。小敏看到家人的焦慮與祕密性，可能會猜想到不好的事，然而因為不了解，而家人也迴避讓她知情，這樣更容易造成不必要的焦慮與恐懼。我也提醒師長不要對死亡諱言，但是也不要讓孩子認為死亡可怕，死亡是生命過程的一部分，我們要學會接受的同時，也要懂得把握生命。

　　小敏雖然沒有親眼目睹舅舅企圖自殺的情況，但是也可以從他人口中獲知一些訊息，這其實也是「目睹受暴兒」的一種。像是有些家暴家庭，即便孩子不在現場目睹家暴進程，但是可以聽到、感受到，甚至看到事後的情況，這些也都對孩子有傷害。像有一位家長告訴我，他們夫妻都是關起門來吵架，當面對唯一的女兒時都是很正常的模範父母，然而有一天她在為孩子穿衣準備上學時，女

兒突然問：「媽媽，你們要離婚嗎？」可見孩子都有感受，不要以為他們年紀太小不知道。

我的分析

我請導師提醒小敏母親顧及孩子在場，不要在孩子面前討論死亡或自殺相關議題，另外孩子的情緒似乎沒有被關注，這也是家長與學校教師可以留意的地方。小學四年級的孩子已經知道死亡的「不可逆性」（也就是人死不能復生），因為生活經驗中還沒有與死亡有直接接觸，加上我們中國人傳統不喜歡談死，甚至在生活中也積極避諱與死亡的正面交鋒，像是繞道喪家，或是有一些保護與祈福的儀式（例如口中念咒語之類），讓不知情的孩子誤以為死亡是很可怕的、也是不能夠談論的，這其實也提醒我們生命教育所欠缺的部分。

此外，小敏的舅舅是因為久病厭世？還是因為受到憂鬱症所苦？我無法自小敏口中獲得更確切的資訊。有自殺傾向者通常是無望，或是擔心自己成為別人的負擔。一般我們針對自殺的危險性有一套評估標準，包括自殺企圖或歷史、支持系統，以及使用方式的相關資訊，都可以用來評估其危險性的高低。小敏舅舅之前曾有自殺嘗試，而且使用的方式是燒炭（容易取得），目前其體力也足以採

取行動，可見其自殺成功率較高，因此最好是先做住院治療，輔以藥物與心理諮商，等其體力與精神狀況慢慢恢復時，有一段關鍵期不可掉以輕心（當其身心都漸漸步入正軌時，對於有自殺企圖者其執行力更高），得要緊密監控與注意，最好持續做心理諮商，讓他心裡真正的癥結可以獲得了解與解決，才可能真正解除自殺危機。不是罹患有憂鬱症的人就有自殺危險性，而是患有憂鬱症、同時有自殺意念的人，其自殺危險性才高！

　　許多情緒疾病患者家屬，對於情緒性疾病（如憂鬱、躁鬱、焦慮或是恐慌症）的了解不多或錯誤，常常無法給予患者最好的照顧與協助，最常犯的就是認為憂鬱症吃藥就可以好，殊不知主要癥結還是在心裡，因此需要有專業治療師同時協助，而對於有自殺意念的患者，當他／她憂鬱狀況嚴重時，是沒有力氣去執行自殺計畫的，然而一旦進入藥物治療、情況好轉時，也就是最需要注意其有能力去執行自殺計畫的關鍵期，這時候要特別陪伴與留意。有些憂鬱患者不喜歡吃藥、或自行停藥，可以請主治醫師做適當調配劑量，副作用會少一些，也要請醫師轉介給諮商心理師協談。也請不要無聊地叫患者「想開一點就好」，這表示你／妳非常不了解罹患憂鬱症的痛苦，因此不要隨便建議或開處方。倘若你／妳真正很關心憂鬱患者，有幾件事你／妳可以做：（一）勸他／她、也陪他／她去看身

心科醫師，不要諱疾忌醫：（二）讓他／她遵照醫囑按時服用藥物，若覺得不舒服，回診告訴醫師，醫師會做更好的客製化調配：（三）憂鬱症患者通常是心裡有一些未解的難題，但是又不能與親密的人說，或是重要他人也不了解，因此服藥同時要找心理諮商師談談，可以紓緩壓力、也協助尋找解決之道：（四）適時陪伴，讓患者可以走出室外，並做一些活動。

無助的老師

　　我第一眼看到王老師時，有點被驚嚇到，因為她的無力與無助是這麼明顯地展現在臉上，看樣子似乎是已經疲累得難以支撐下去。王老師帶領的六年級這個班級，在之前已經換過多位導師，王老師是在五年級的時候接手，但是老問題還是存在。班上的學生曾經在課堂上公開嗆一位任課老師，老師好心勸誡，卻遭來更大的羞辱，結果該班食髓知味，陸續在其他老師上課的時候做同樣的動作，當然氣走了許多老師，而留下來授課的老師是因為無奈（不能走人）、也很無力，整個班級就是沒有積極學習的動機，只要帶頭的先鬧開，其他想要學習的同學也無法阻擋。與王老師談過之後，我想到如果我站在她的立場，我會如何扭轉局勢？於是我思考了一下，也回顧自己教學的經驗，決定先做幾個動作。

　　我之前已經因為這樣的緣故，接了王老師班上的兩位同學的諮商。這兩位同學一位就是「孤兒危機」裡的阿誠，另一位則是「過動兒」小振。阿誠是施暴者，常常找機會欺負小振，而小振也不是省油的燈，也會做被動攻擊。班上的氛圍已經是這樣，受到影響的不只是師生而已，還有他們面對以後的學習與生活的態度。

　　我學諮商，總是相信「多做一點」總比沒做好，因為不能因為可能的無效而不作為，所以還是悶著頭去做了。儘管後來我與王老師班上的所有女同學有過面對面的晤談，了解她們對於班上氣氛的想法，多數女同學不認為是班上大多數人的問題，少數認為自己的學習受到影響，我也注意到這十三位女同學中也有贊成那位起鬨者的，所以她不對個人作批判；接著我與大學部同學到王老師班上去做了三次的班級輔導，針對的是霸凌、與人互動及尊重的議題，然而效果不是我們所預期，畢竟班上氣氛行之有年，也不是一兩次短期的教育輔導可以改變或奏效，因此我與學生決定要用更長、更周全的計畫來進行。我比較擔心的是：這一批學生即將進入國中，會不會對於教師權威也抱持著一樣的態度？而那些少數的起鬨者，會面對更強硬的對手，也許更換時間地點之後，他們反而成為受害者！孩子看不到這些，但是我們的經驗卻精確地預測這樣的結果。

　　王老師帶班挫敗感可想而知，也許她已經與同僚商議過或諮詢過，也用盡了建議的方式，但是她班上的孩子們好像沒有因此而動搖。由於我與王老師只晤談過一次，焦點自然是放在學生身上，但是我希望王老師可以與我繼續會談，因為我們可以做教學上的討論，也可以談談私人議題。我相信王老師經過了這兩年帶班經驗，已經累積了

許多的負面能量，這些都可能會影響其未來帶班與專業生涯，因此需要作立即的處理。我之前也有學生因為經驗不足，帶班發生問題，甚至罹患憂鬱症，她本身又不相信諮商的功效，後來的影響層面更擴及生活的許多面向，讓她只要想到今天要去上班就止不住焦慮與害怕。

我的分析

五、六年級的學生正好在青春期的萌發期，而現在的學子因為飲食與營養的緣故，較之前世代較早成熟，加上許多家庭都是獨生子女、享盡優渥，也讓新新一代的性格中多了一些自我感覺良好，也較少同理。

前陣子一位醫師跟我說：她不相信現在的國小老師，因為不像以往那樣專業。我聽了也很感慨。我們的國小師資培育機構在近十多年也有很大的變動，以前是國中畢業最優秀的學生進入師專，後來師專改制為師院，同時也開放讓其他大學的學程中心培育師資，只是這些大學初期還有嚴格的篩選制度（例如台大要成績排名前百分之三的學生才有資格修學程的課），後來就全面開放，也失去了把關的機制；接著因為少子化，學生人數大量縮減，也影響到教師的需求，許多師院改制為教育大學的，也都縮減了培養師資的人數，甚至改為「非師培系」，慢慢朝向綜合

大學的目標前進。以前的師專或是師院的教師，絕大部分是從基層慢慢上來的老師，也就是小學老師進修，然後成為大學教師，因此學生在耳濡目染的教育氛圍內，一步步慢慢淬鍊自己成為一個可以勝任的國小教師；現在的師資培育教育，許多老師是拿了博士的直接空降部隊，本身沒有接受過師資訓練的課程，甚至不會教學，他們也在培訓未來教師，在軟硬體的配備上是較不足的。以板書為例，許多國小教師沒有受過訓練，寫字像在畫符，真是不忍卒睹，又怎麼要求學生字體端正？我並不是說師院系統培育的教師一定沒有問題，但至少是按部就班，有一套嚴謹的訓練機制，最重要的是有熱情與愛，才可能持續下去，這些是需要長時間的浸潤與學習才有可能。

國小老師的「班級管理」是相當重要的知能，雖然不同的老師有不一樣的帶班方式，然而其真正用意還是在協助學生做最好的學習。有些老師較為嚴厲、注重規範，有些老師就像父母親一樣慈愛，而班級管理做得最好的老師通常是最了解班上每一位同學的老師，因為他／她願意花時間與心力去認識與了解各個學生，學生是因為被了解而願意合作。班上的氣氛是影響學生最重要的因素，如果導師可以讓班上的一些規範上路，自然可以展現其教學的理念。以前我師大剛畢業的時代，老師是絕對的權威，但是現在的家長權太大，已經干涉到老師的專業權威，我因為

常常接觸不同層級的老師，也經常聽到他們的抱怨。前一年國小校長的退休潮其實就是一個很大的警訊，許多國小老師發現自己的教學專業無用武之地，在某些狀況下似乎成為最廉價的「保母」，如果一校之長在權利的護衛上有偏私，或以討好家長為主的話，教師不免就陷入沮喪或無助的狀態。

學校教育還是莘莘學子最重要的學習場域。主要的學習是與同儕、師長的互動、了解生活的樣貌，以及做人的基本道理，學習書本上的知識還是其次。學校裡提供不同生活背景的人可以有機會齊聚在一起互相學習，不只拓展孩子的眼界與經驗，也提供了一個安全的地方讓孩子犯錯、修正與學習：孩子學會與人合作的方式、獨立自主的思考、化解人際衝突的技能，以及豐富生活的方式與內容，這些的學習幾乎都是附加、隱藏的，不是表面上的成績可以看出來。如果你／妳的孩子在學校沒有幾個朋友，或沒有學會與人合作的知能，他／她即便出了社會，都還是一個孤單的人，孤單人對生活或生命是沒有太多的憧憬的，更容易有情緒上的問題出現。

乩童之子

　　小禮是個五年級的早熟孩子，家裡是低收入戶，父親從事乩童工作，母親也有工作，他有一兄一姊，都在國中就讀。老師轉介他來的原因是：功課常常沒有寫完，反映給父母親知道，父母親似乎不在意。小禮作業常遲交，錯誤也不訂正，詢及原因是因為家長讓他去補數學，因此回家後作業都沒時間寫，到校之後也不願意補寫，此外有過動、但未吃藥，已經有明顯反抗權威、或消極抵制的行為。小禮很有禮貌，也對我在諮商室的工作很好奇，我說我會跟同學談話，有時候會聽聽同學的心事。小禮告訴我他曾經做過同樣的惡夢很多次，會看見穿白長衣的女子，後來是阿嬤替他求了護身符，父親也替他安置了一尊神像，現在睡眠好一些，也跟著母親睡。接著小禮就開始談到他所接觸的神明世界，每天只要做完功課，就可以去阿嬤的廟玩，那裡有跳八家將的，說著說著小禮就跳將起來，還有模有樣。我後來問小禮，以後會不會繼承父親乩童的工作？他考慮了一下說「不一定」，接著他就談到自己母親要他讀很多書，也上補習班，只是在他敘述的過程中，父母親的角色似乎較模糊，直覺上似乎是阿嬤與補習班在照顧小禮的生活。

　　小禮說自己家住在一棟透天厝裡，小舅舅等人也都住

同一棟房子，其中一位舅舅也在廟裡做事，他也會跟著舅舅去廟裡。每天放學後去阿嬤的廟，阿嬤就會要他喝一杯有神明加持過的水，他沒有說明水的功用，只是認為阿嬤給他的都是好的、對他有幫助。

我以自己所寫的《狗狗心理學》開始，小禮也談到家中飼養的狗狗，他很高興可以讀到我寫的這一本書。關於班導提到的寫作業的部分，我反而沒有去提，只是關心他在作業書寫上有無困難，結果是因為他在補習班要寫很多功課（不寫完會受到處罰）。小禮週一至週五都上安親班的課，回到家都已經八、九點，所以有時候回到家，已經沒有多餘的力氣可以寫學校功課了！我問小禮，作業沒寫完會怎樣？

小禮說：「老師會一直唸，很煩。」

「可是雖然很煩，你還是不想把它做完啊！還是你喜歡老師在你耳邊嘮叨？」我說。小禮臉上有奇怪的表情，因為從來沒有人這麼對他說過。

接著我就開玩笑似地說：「喔，原來你不在乎學校的功課，是希望老師唸你，我寫下來讓你們老師知道！」小禮阻止我：「不是這樣子啦！」

「那麼，接下來你會怎麼做？」我問。

「我寫完功課再去廟裡好了。」他想了一下。

「這樣可以嗎？不會很難做到？」我問。

「不會啦！」小禮很篤定地道。

「好，就這樣約定。我下個禮拜再跟你談進行的情況好不好？」

其實不需要我與小禮做確認，班導已經告訴我他最近的作業繳交情況很好，小禮有一回上音樂課時（音樂教室在諮商室旁）特別留下來告訴我：「妳什麼時候要跟我談啊？」他說有很多事想跟我說，我跟他約好「等他把那本《狗狗心理學》看完之後就約他」。

小禮曾考美術班，但未被錄取，他也喜歡在諮商室裡玩油土。他說他還是會看見某個「女性」，現在因為跟阿嬤一起睡、不會害怕，他也會起乩，會敲打自己身體，「退乩」之後就會感到疼痛。小禮離開之後，我有點難過，因為我知道他真的想跟我談話，可見他在家裡，總是「聽從大人的話」，很少人願意花時間聽他說話，這個孩子其實是寂寞的啊！

我的分析

我跟小禮工作，不去批判他的觀念對錯，而是去了解他的生活。小朋友很天真，也容易相信人，當然也很容易分辨出他人對他們的坦誠度。小禮的生活就是台灣道教的

111

氛圍，他所思所見也都與這些信仰有關，而父母親投入的情況也可見一斑。若要小禮去批判自己父母親的工作或信仰是最不利的，也沒有必要，因此我將輔導的重點放在小禮的學校生活上。

小禮是個有能力的孩子，所以他知道怎麼讓他的生活更好。沒有人希望老師一直在旁邊嘮叨，我相信小禮也做如是想，只是「執行力」的問題而已，所以我以玩笑的口吻跟他打賭，小禮很快就想出了解決之道！小禮的母親對於其課業有嚴格要求，也會提供孩子許多閱讀書籍，只是父親常常不在家，而小禮之前也常有作惡夢的情況，這一點可能與其所接觸的環境也有相關。

無獨有偶，一年級的小恩，由單親媽媽與外婆撫養，受到六年級的哥哥嚴重影響，不僅口出髒話，也去參與附近廟裡的活動，哥哥還曾遞給他檳榔與香菸，小恩都拒絕了。平常上學日小恩還會半夜外出遊蕩，在學校與同學互動有爭執時、就會口出惡言，小恩的理解力不差，但是作業完成率低、或是敷衍了事，家長無法做緊密監控，可能也是心力不逮使然。年紀越小的孩子越需要依賴外力訓練其自律能力，小恩若有延伸家庭的其他成人（如舅舅）協助，對其行為與作息做約束，也可以是很好的角色模範，對小恩的幫助就很大。在諮商現場，我們發現年紀越小的

孩子常常是家庭問題的「代罪羔羊」，也就是問題可能是在家庭中的其他成員（如父母親）身上，但是家長沒有去面對或處理這個問題，而身為家中一員的孩子，就可能不小心「試」出解決方法（達到孩子認為的目的，如「父母復合」），但是卻必須以自己的偏差行為或問題（如成績落後、在校滋事）付出代價，因此有智慧的諮商師會從更大的觀點來看問題，而不是只侷限在小小的當事人身上。

這裡的小恩與小禮，都是缺乏父親監督的孩子，絕大部分的親職責任都落在母親身上。父親的親職角色有其重要功能，特別是保護與控制，這些對於年幼孩童尤其重要，也是奠定其心理安定的重要生存因素。對於小恩與小禮，諮商師可以請家長前來，為孩子更好的學校生活而努力，因為孩子年紀尚幼，家長影響力更大，會談目的不是指責家長的不是、也不是要教育家長，而是與他們商議：可以怎麼做，讓孩子獲益更多。

由於在國小與國中階段，一位諮商師（或是專輔老師）要服務的對象太多（包括全校老師與同學），因此在資源的分配上需要非常節約，所以「焦點解決」或是「敘事治療」（都是「後現代治療」）就有用武之地，原因是：（一）我國傳統是「責全」式的教育，比較專注於「表現不好」的部分，也缺乏鼓勵，因此採用不一樣的介

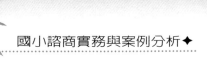

入方式，的確有革新的作法：（二）這兩個後現代取向是
以當事人為中心，視當事人為問題的專家，會看見當事人
的優勢與解決問題的能力，讓當事人有「賦能」的感受，
願意為自己努力。

小小孩

　　小悅念國小一年級，但是身高不及一百，是早產兒，有發展遲緩的情況，與同齡孩子相形之下，顯得瘦弱而天真，小悅之前沒上過幼稚園，數目字一到十都還不認識，雖然會數數，但是得從一開始，注音也不會拼，只認識幾個母音，上課也容易分心，容易受暗示。她喜歡抱抱，經常笑臉迎人，也會見人就抱，高年級的大哥哥大姊姊們非常喜歡她，好像寵自己的小弟妹一樣。老師轉介小悅的主要原因是她的學習緩慢，雖然已經請義工媽媽協助學習、但效果不佳，懷疑是不是需要進一步做鑑定、給她更好的學習資源？但是數度聯絡家長，家長都以忙碌推託、不願意配合。

　　小悅的三個姊姊們也是本校的畢業生，據說家中孩子眾多，父母親對於孩子的行為似乎沒有監控的力量。大姊在學校時就已經奇裝異服，與一般的小學生有極大不同，後來上國中在異性交往上也多彩多姿。學校老師擔心像小悅這樣一個天真無邪、很乖巧又守規矩的孩子，很容易受到影響，不希望她步上姊姊們的路，而在學習方面又不能夠得到雙親的合作與協助，很擔心小悅未來的發展。

　　小悅剛見到我，也是給我一個大大的擁抱，經過諮

商室的高年級同學，見到她來、也很好奇進來詢問，可見小悅的人氣！小悅喜歡畫畫，所以我就提供畫筆與圖畫紙讓她揮灑。她下筆很快，構圖的速度也快，小悅說自己在家常常畫圖。她畫了父親母親與自己，但是在父親的那個畫像中的下襬卻出現一個三角形的物體，於是我就詢問小悅那個是什麼？小悅有點不好意思地說：「那是爸比才有的。」在一旁觀察的張老師也嚇到了！小悅說與父親曾經共浴過，因此會發現父親與她的不同，這需要進一步去確認。小悅也提到爸爸會打大姊，她親眼看到、會有一點害怕，聽說大姊目前不在家（在外工作？）。小悅的肢體動作不錯、也靈敏，我讓小悅寫出自己的名字，她的筆畫次序不對。在會談過程中，我也發現小悅很容易模仿他人的行為，這一點證明她的學習力不錯，但是也印證了老師說的「容易受暗示」，若又缺乏判斷，可能容易步入歧途。

小悅的思考邏輯與人際關係都不錯，至少她在敘述事情時，次序與道理是可以接受的範圍，雖然容易忘記方才說的內容，但思考還不至於沒有章法。她在學校是一個笑臉迎人的快樂小孩，只是在學習上的確落後同儕許多，而家長似乎也不擔心小悅的學習，可是也不願意去「證實」小悅有學習上的障礙，儘管有學習障礙的孩子作提早補救，效果會更好。小悅回到家，家裡面的姊姊們也忙於自己的事務，無法協助其學習，家長們因為工作忙碌又有家

要維持，可能也無心無力提供適當的協助。

我的分析

對於父母親來說，要「證明」自己的孩子有缺陷或問題，都不是容易的事，因為這可能表示自己是「不良」父母或孩子未來發展可慮，通常不是他們願意接受的事實，因此儘管在理智上了解對孩子較好，只是情感上還是很難跨出那一步。老師方面會認為學生接受鑑定之後，可以取得適當的學習資源，因此不一定了解家長的擔心與害怕。即使如此，學校老師們還是會想辦法、讓小悅可以得到資源，只是杯水車薪，可以著力的不多，畢竟學習遲緩的孩子需要長期資源的挹注，不是這樣斷續或小部分的協助可以達成。

小悅是原住民孩子，父母親養育五個孩子，小悅下面還有一個未滿週歲的弟弟，本身在經濟與資源各方面都不足，也是低收入戶，因此親職功能要做適當發揮就有難度；我考慮到的還有「文化刺激不足」的部分，因此家長也無適當資源協助孩子的學習。一般說來，如果住在部落裡，可能還可以彼此互相關照，資源較豐富，但是到平地來工作，有時候就是不能樣樣俱全。

　　對於經濟弱勢的族群，有時候社會福利的資源不一定到位，而更多時候這些需要資源的人是不知道哪裡有資源的，此外，許多的福利制度不一定服務到需要的人（像是有房子就不能請領救助；若有孩子，年老父母就不能請領救助，因為政策「認為」孩子都會撫養父母親）。許多的學校或是私人社福機構，對於像小悅這樣的家庭，偶爾會提供課後輔導、課後餐點，或是課後照顧的服務，有些是免費的、但是不多，因此學校方面若有心，可以替這些家庭找到一些協助資源，只是不一定是長期的，當然我們也不希望「長期」協助、造成依賴，同時也低估了每個人的能力。

　　不少像小悅的家庭這樣的弱勢族群，一來因為孩子眾多，能夠養大就不錯，父母親本身也沒有受到較好的教育、從事勞力工作，對於孩子的未來沒有太大的展望，這樣的結果也可能讓孩子有「預期效應」（家長認為他們不會有太好發展）、也對自己的將來沒有寄予期待，結果就造成所謂的「惡性循環」。一般像我們的父母親，總是希望孩子比我們發展得更好，所以會竭盡一切心力、提供孩子最好的資源，然而對於弱勢族群的將家長來說，有時候連這樣的期待都是奢侈！

　　美國許多的資源與協助都在地化了，因為地利之便，

較能夠提供社區居民之所需，同時也可以結合社區力量，讓能力在社區生根。我近年來接觸國內一些偏鄉的社區，許多社區都以自力救濟的方式，結合社區可用資源來幫助下一代。例如屏東枋寮的一個原民社區，就由社區人士提供一個課後輔導的場所，讓社區裡面的媽媽、退休人員，或是替代役等加入學業輔導團隊，社區裡面的孩子（包括國中小學生）放學之後，都可以在固地的地點先用過點心（也是社區的麵包店提供），然後專心接受課輔，這樣不僅讓家長們可以安心工作、不必擔心孩子放學後沒有照顧，也讓社區有能力、且有心服務的一些成員能有貢獻自己力量的機會，這也是我們想望的「社區一體」的初步藍圖。

迷「網」的孩子

　　五年級的阿居上網的情況已經超出一般人想像，他可以不來上學，家長也替他請假，老師擔心他的學習會落後，況且就要升上國中了，現在課程又有接續的問題，因此將阿居轉介來見我。我詢問阿居平日與假日的上網時間，他說基本上只要功課寫完，其他時間都可以自己運用，只是父母親在他放學之後沒有固定在家裡監控他的行為，所以阿居都可玩電腦到半夜或清晨，要是翌日起不來、有時候也找不到家長替他請假，他就繼續睡。阿居已經是網路成癮的潛在危險族群，他每天最重要的事就是打電腦，課業的部分目前還可以維持，但是成績一直處於落後的狀況，導師找過家長來談，但是似乎拿不出有效的方法，而父母親對於阿居的上網行為看法不一，母親認為要嚴格監控，父親卻堅持要孩子有一個快樂的童年。國小階段網路成迷的孩童不算少，只是目前還沒有影響到太多生活層面，因此父母親的戒心就較放鬆，然而隨著孩子成長，家長的約束會失去效力，因此有些家長已經開始擔心孩子的未來。

　　我記得多年前一位同事也問過我，她說自己上研究所的兒子簡直是足不出戶，窩在家裡玩電腦，她很擔心他會荒廢學業、前途可慮，母子為了網路的爭戰，幾乎親情全

失，過了一陣子我再碰到她，她說：兒子研究所沒唸完，但是去找了一個與網路有關的遊戲公司，現在天天打電腦，回到家累壞了！當然這個故事的結局算是功德圓滿，只是對於父母親而言，他們擔心有多少是有這樣的結果的？

許多家長都跟我這位同事一樣，很擔心自己若無法約束孩子，以後孩子可能無法自律，那麼所謂的網路成癮就茲事體大！其實根據調查，許多家長都曾經努力設法讓孩子上網時間減少，但是口頭規定與實際的上網時間約束，其效果不彰，況且大多數家長認為：只要是平日可以控制上網時數，其他假期時間就不需要這麼嚴苛了！但是在寒暑假將臨之前，這樣的「放手」似乎更值得重視了！家長對於孩子的上網行為都有約束，只是效果不彰，再加上假日就大大放手，也沒有培養孩子其他休閒娛樂，自然容易讓孩子陷入網路成癮的泥淖。

阿居並不認為自己的上網行為需要控制，他認為作業寫好就可以，而家長方面母親無力、父親不涉入，就會讓阿居有可趁之機。我邀請阿居父母出席，因為這需要回歸到父母親的「有效管教」上面，但是阿居父親認為「談話」沒有幫助、堅持不來，只是口頭上說會「全力配合」，我最後與阿居母親談過四次，最後一次見阿居的母

親時我告訴她：「因為妳先生答應要『全力配合』，所以我要妳在必要時提醒他這一點。現在我們來做『有效率』的父母親。」我於是與阿居母親商議應該如何「管理」阿居的行為（包括上網、對課業態度等），讓阿居上網時間僅限於平日一小時，週末假日每天不超過兩小時，如果違反協議，就不准其繼續上網，也剝奪其他的特權（如零用金、騎腳踏車時間），同時我也告訴阿居母親：「事情變好以前會變壞，妳必須要忍耐。」阿居母親願意嘗試，我也給予支持。一週後阿居母親來電，說阿居的情況好多了，雖然當初他也發脾氣，但是她記得我告訴她的：「態度要堅定而友善。」以及「破唱片法」的運用，因此阿居最後做了妥協。我要阿居母親繼續下去，也邀請其先生回到親職的行列。

我的分析

阿居的行為需要家長雙方都下來參與，而不是只靠母親一人，況且教養責任是父母親的，父親與母親都有其功能在，不能推卸責任。母親是孩子的主要依附對象，提供的是滋養與愛，父親則是控制與保護的功能。已經有研究確定：父親若不在其位（包括死亡、入獄，或是心理缺席），女孩子在青少年期容易性行為紊亂，男孩子則是行為偏差，因此父親的存在有其功能與象徵意義。現在的許

多單親家庭，並不需要擔心這一點，因為只要孩子的生活中有類似父親的人可以做模範或是替代父職的角色，孩子還是可以成長得很好！

網路的社群，對於在日常生活中有正常人際關係的人是「加數」，對於少數在現實生活中遭遇人際困難者卻是一個「避難所」、並不會因此而增加其人際關係之知能，反而成為逃避現實的一種方式！上網行為也是培養孩子的自律內容之一，不能忽視，這涉及到時間管理、休閒活動習慣與參與，以及孩子正常的人際互動關係；若已經是上癮的危險群，其處置方式是多元的，不是靠單一的諮商時段就可以完成。因此我不是與阿居會談而已，還要將其重要他人邀請進來，成立行動團隊，畢竟諮商只是一週一次，效果不大，而阿居在家裡的時間最多，還是要父母親在自己的位置上發揮功能。

我在本案例中教導阿居的母親「友善而堅定的態度」，這樣不容易破壞親子關係，也讓孩子知道父母親是「認真的」；而「破唱片法」是不管阿居用什麼樣的理由要求，阿居母親都要堅定立場，以同理的角度來看阿居的說法，不要只是以成人的眼光來看阿居。重要的是阿居的父母親都要負責監控兒子的上網活動與行為，甚至在兒子上網的時候陪伴在一旁，此外，也要增加家人一起的時間

（可以一起活動，或是在同一個空間底下），讓孩子的生活有其他的內容與選項，甚至培養家人一同運動或是共遊的習慣。喜歡上網的孩子也比較被動，不願意花時間去開發新的活動，此時家長就要以半強迫方式、邀請其參與，同時也讓孩子體會到父母親的用心、從活動中體會到樂趣與意義。

最近的研究顯示，常上臉書的人罹患憂鬱症機率高，上網太多不只有「上癮」問題，還可能罹患心理疾病，而台灣人上臉書的次數居世界之冠。現在智慧型手機的功能又很多，不少人的同學會是在彼此「line」手機的情況下進行，大家可以想見這樣的同學會嗎？我去餐廳用餐，也經常看到一家人圍著餐桌，彼此在玩自己的平板或智慧手機，突然之間覺得自己好像置身在外太空的那種荒謬感！許多科技上的便利，影響到人與人之間真實的互動，甚至進一步取代了這樣的功能，是不是現代人的悲哀？

焦慮的母親

　　小怡二年級了，但是最大的問題在寫作業，她永遠無法如時完成回家功課，即使母親與老師想盡了辦法要協助她。小怡的母親王女士先來找我，她說自己的丈夫是職業軍人，本來期待小怡是男孩子，但是事與願違，小怡出生之後，丈夫不喜歡，連公婆也常常對這個媳婦冷言冷語，因為丈夫的收入還要用來養公婆，因此額外要替小怡補習或是學習才藝的費用，就需要王女士自己去籌措；由於要照顧的人太多，小怡母親也只能打打零工。王女士也很坦白地說，自己親職工作已經很重了，丈夫每週休假回來，還是要她「履行妻子的義務」，有時候讓她心力交瘁。丈夫常常口出髒話，對她有語言暴力。除了不管孩子之外，還常常看A片，她很擔心孩子在這樣的教育下會受到不良影響。王女士的原生家庭，父親五年前過世，留下中年的兒子陪伴憂鬱的母親，只是這個兒子也被寵壞，常常伸手向母親要錢。

　　據王女士敘述，小怡有過動傾向，從幼稚園開始就服藥，但是服了藥之後，動作很慢、嗜睡，不吃藥又常常未能完成許多作業，王女士為了她，還積極去參加醫院所辦理的相關活動與教育，只是自己的娘家又常常有事（像是娘家母親常常因為不成材的兒子鬧死鬧活，也不按時吃

藥），所以王女士就要常常北上協助家務，但是她又有女兒小怡要照顧，放著先生也不會理，因此王女士非常焦慮。老師說，小怡雖然被診斷為過動，但是情緒不會失控，可以安靜坐在自己位子上上課，只是理解能力較差、注意力不集中。

　　針對王女士的部分，我要她懂得去照顧自己，這樣她才可能有心力去照顧他人，因此先檢視她已經在做、以及可以做的部分。王女士認為只要自己有工作、有一些收入，然後可以跟女兒相處，就是很好的酬賞；雖然她的丈夫不願意協助，但是因為女兒會去煩他，所以偶爾丈夫還是會盡一些父親的責任。此外，關於原生家庭母親憂鬱症的部分，可以商請阿姨協助，母親本身不願意求助，但是至少要按時去看醫生、也按時服藥。在與丈夫的互動上，我建議她不要像以往一樣嘮叨，而是當看見丈夫協助家事或是克盡自己父職的責任時，給予肯定與讚賞，同時改變一點點與丈夫互動的方式（這樣可以引發不同的反應）。在對女兒的教養方面，我肯定王女士一直以來的努力與正確觀念，協助其找尋需要的資源，接著就與其商議要怎樣才能讓孩子「專心」一點？甚至一步步完成作業，包括設計合宜的酬賞制度（行為改變技術）；由於王女士也擔心女兒在校的人際關係，我們也一起研商可以採用哪些方法來協助，而且一次試一種，不要操之過急，每試一種新方

法之前，心理要有所準備——事情變好之前會變差，對女兒的態度要謹守「友善而堅定」，這樣就不容易破壞親子關係。

我的分析

　　小怡是一下才轉過來的轉學生。在與小怡會談幾次之後，我發現她的主要照顧人為母親，彼此感情親密，小怡在班上有兩三位好友，她也提到在學校要分組時，同學不會找她；她對於自己作業沒寫完的說法是「寫太快、怕寫錯」。她參加繪畫課，也很喜歡畫圖，現在每週一還會去練直排輪，母親也會帶她去附近圖書館寫功課、看書；每週一次母親會帶她去醫院做治療。小怡說爸爸會在家玩電腦，但不帶她出去玩，多半時候小怡是獨自玩耍，偶爾爸爸會陪她下棋、也曾帶小怡去部隊。從這些資料看來，王女士對於女兒的教育相當用心，陪伴的工夫也夠，只是親職不是一人可獨力為之，父親對待小怡的態度其實非常清楚，她也許不知道大人們之間發生的事，感到困惑與不解，只是小怡不應該承擔成人的問題與責任，她只要做好自己就可以。

　　現在時代進步了，有些父親還是很傳統地以為自己是唯一的「養家者」，只要盡到這部分的責任就好，但是孩

子還是需要雙親的協助，因為有不同的功能與影響。我在諮商現場常常碰到母親來尋求親職協助，少見父親出現，而通常這樣的母親出現時是很無力無助的，也就是已經走到很深的困境，才會出來求助。當我要求父親一起前來時，父親總是百般推拖、不願意出席，讓諮商協助效果打折扣！現代的女性難為，主要是女性若想要在職場自我實現，卻同時要承擔家庭責任，因此最容易有「角色衝突」（職業婦女與家庭主婦）的問題，然而男性卻自始至終都沒有這樣的煩惱與兩難。有些機構男性主管還會酸酸地說：「雇用女性員工，常常不能加班，因為她們要照顧家庭，有時候還會趁上班時間偷偷跑去買菜。」這些批評就是不清楚女性職責與困境，有失公允！

　　小怡的父親從事軍職，依照王女士的描述，的確是很傳統的男性，但是即便是傳統男性，除了負擔生計之外，也會適度協助家務，感覺上王女士的先生似乎將自己排除在親職之外，甚至不願意負擔孩子的一些教養費用（如才藝班、安親），使得王女士有時候必須要自己去打零工，賺取給小怡補習的費用。小怡父親的傳統還包括對於妻子生女的迷思上，因為生了女兒，而不願意在女兒身上投資，這其實就是另一種形式的拋棄，然而我也看到小怡急切地想要引起父親的注意、甚至討好父親。

　　既然小怡的父親不太能參與親職諮詢，那麼我也只能從與王女士及小怡的工作中，企圖造成一些影響，也許在母女活動中，邀請父親參與，讓大家可以共享家庭生活之樂，同時王女士也對丈夫盡到父職的部分予以肯定，或許可以稍稍改變一下丈夫的態度。只是我也特別提醒王女士：要好好照顧自己，這樣才會有源頭活水、繼續照顧心愛的人！我暫時也提供個別諮商給王女士，協助她走過這段辛苦的路程。

創傷後遺症

　　小賀是五年級生，曾經目睹舅媽帶著三個子女在車內燒炭身亡，導師說雖然小賀在校的表現正常，但是她擔心父母親忙於喪事的同時，忘了去留意這個悲劇事件對小賀的可能影響，於是轉介來談。

　　小賀來到諮商室，表現得很拘謹，但是很有禮貌，我於是單刀直入問起他與表弟妹的關係，他說他們關係很要好，會玩在一起，他說那件意外事故之後，他做惡夢、也會「看見」東西。我問他升上高年級之後的生活有什麼不一樣？他說自己較不喜歡跟同學玩了，比較常在家自己打發時間，與現在念國中的姊姊在升上小三之後就比較少互動。

　　我與小賀談起死亡教給我們的功課，他說會珍惜現在的生活，偶爾也會懷念表弟妹大家一起玩樂的情景。小賀說媽媽會跟他談與死亡相關的訊息，對他來說有安撫的作用。小賀在學校很有人緣、有若干知己，課業上的表現也不錯，對數學、自然的領悟力佳，只有語文較差；他說自己在班上有兩位好朋友，但嫌班上女生粗暴，後來又補一句：「也有好的同學。」

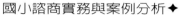

　　我也跟小賀談起自己家中狗狗過世的情況，以及我的懷念，包括一些很小的事件。隔一個月我第二次與小賀見面，他說已經沒有「看見」那些東西，他也曾經在外婆家看見過世表妹的臉閃過，當時有點害怕，以前比較難入睡、目前好多了。我們談到他「看到」一些東西會怎麼處理？他說就是不去想，去找媽媽，或是做一些事情讓自己分心。小賀說自己目前補習英、數兩科，回到家將近九點，喜歡看公共電視與動物有關的影片。因為之前借給他的《狗狗心理學》已經看完，於是就詢問他喜歡書中的哪些狗狗？為什麼？同學之間有哪些人像書中狗狗的個性？小賀都回答得很得體。

　　除了與小賀開發其他可以讓他分心、紓解壓力的方式之外，我也與小賀回憶他記得的表弟妹，以及他們共同有的回憶。我提到大人的事不應該連累到小孩子，小孩子做自己該做的事就可以，有什麼話可以直接跟家長說，不要悶在心裡，我希望小賀也這樣做，如果認為與父母親談不適當或是有擔心，可以先來跟我談，我們一起商量對策。

　　我很肯定小賀與母親談話的習慣，因為這樣表示他的支持力夠，至少他不會獨自擔心與承受。小賀說他不曾跟同學談過類似的話題，感覺上「他們不敢說」，我了解小賀當然還有許多的困惑，也鼓勵他若有任何疑問，都可

以隨時跟我談，而如果有什麼想法，也可以直接與母親商議，不要藏在心裡。至於他說升上高年級之後，比較「宅」在家，我就與他討論在家可以做哪些事情打發無聊？小賀談到許多自己在家可以做的事，包括協助家事、看書，我想他也正準備開始迎接他的青春期了！

我的分析

　　小賀目睹舅媽與表弟妹死亡現場，這的確是很重大的創傷事件，何況他與表弟妹們感情很好，常常玩在一起，突然之間這些人都消失了，自然有許多的不解與困惑。只是大人們在自己悲傷的同時，常常誤以為孩子不懂，也沒有特別花時間解釋或安撫，就可能會讓孩子存有許多疑慮。

　　七歲的孩子就已經知道死亡的必然性，反倒是成人有時候擔憂過多、做了一些不該做的防衛舉動，才讓孩童對死亡有許多莫名的恐懼，這其實是成人將自己對死亡的恐懼傳承給孩子了。我不避諱地與小賀談死亡，以及死亡給我們的功課，因為我不想讓小賀對於死亡有不切實際的遐想，但是也不是灌輸恐懼，而是平心靜氣地討論生命的生與逝。孩子對於死亡與生命的領會不一定較成人要少或不深刻，看看周大觀、黃冠憶的人生，雖然只有短短十歲與

十三歲，但是他們生命的質感留給後人的是非常豐富的。生命教育不應該只是學校教育的一環，家庭教育更舉足輕重，生命教育的重點是讓我們體會生命可貴，但不是懼怕死亡！「死亡」固然也可以有一些嚇阻力、讓人少犯罪，但是生命的正向面才是主要。

　　如果說目睹親人死亡是一個創傷事件，但是並不是每個人對創傷或失落的反應都一樣，老師轉介小賀來談自然有其關切，也是正確的，只是有人對於失落的反應時間較晚出現。身為心理衛生人員，除了在創傷事件發生之初做必要的安撫與處理之外，對於仍在就學中的孩子最重要的是盡量維持正常生活的步調，也就是該上學、該補習、該做運動的日常生活都不要打亂，這樣就可以讓孩子比較安心，不會因為一個事件讓他們的生活嚴重失序；接著再就事件的發生做適當說明與解釋，以及目前的進展如何，如果有哀悼的過程需要舉行（如摺紙鶴、寫祝福的話、祈禱或參加葬禮），都可以明白向孩子做說明，也詢及他／她參與的意願，同時一定要留時間讓孩子去消化與詢問相關的疑問，因為孩子有許多的疑問待解，如果家長只是以「告知」的單向方式進行，孩子的許多疑惑都不能獲得澄清，容易成為孩子心中的結，甚至自己有錯誤的解讀，對孩子來說可能會留下許多負面影響或是傷害。在回答孩子的疑問時，也要真誠回應，就自己所理解來回答，而不是

只是做膚淺或是官方的回應，其實家長也可以藉此檢視自己對於死亡的看法與生命的意義。

　　對小賀來說，這也許是他第一次遭遇的重大失落經驗，衝擊自然較大，只是孩子沒有表現出來或是有反應，可能就是因為不熟悉，也不知道該如何因應，因此仔細觀察孩子的一些行為，也與孩子做坦誠溝通，這樣不僅可以釐清許多的迷思，也是正向的教育方式。雖然有時候保證並不一定適當（如保證自己不會死亡），然而家長可以做的也許是一些合宜的保證（像是保證自己還是愛他／她、保護他／她），同時也讓孩子知道儘管死亡是必然，但不是立即，因此彼此可以多花時間相處、體會彼此的愛，這是目前我們都可以做的。尤其是年紀較小的孩子、甚至青少年，很多時候無法將自己的感受表現出來、或是說出來，他們可能以行為（突然有變化）、課業（驟降），或是生理（疼痛）的方式呈現，這就要做適當的處理。通常哀悼的時間不會超過一年，有些人的失落時間會很久，這就是「不正常的哀悼」，也許已經有情緒上的困擾或問題（如憂鬱、恐慌）出現，需要專業醫師與心理師的協助。

慢半拍

　　三年級的小涵父母健在，其外表可愛伶俐，也與同學相處融洽，但是不喜歡寫字，所以常常在學校時都在補寫作業，小涵有一位在同校念五年級的姊姊，各方面的表現得都比小涵要好。

　　老師轉介小涵來的原因就只是作業的問題而已，即使是在學校補寫作業，在老師的嚴格監督下，她還是頻頻打瞌睡，無法完成作業，老師說要緊緊盯著她才行，要不然一節課可能只寫一行字而已！因為作業完成率低，影響到小涵的語文能力與其他科目的學習，老師擔心她是不是有學習障礙？

　　我見到小涵時，認為她跟一般孩子一樣，口語能力不錯，很能跟人聊天，但是有時候的邏輯接不上，不知道是什麼原因？小涵之前是住在東部，幼稚園時才搬來這裡。小涵父親從事工業方面的工作，但是並不是每次都有工作做，而母親則是照顧外公，所以小涵如果有課業上的問題，多半請教姊姊。因為沒上安親班，也沒有補習，加上小涵說自己沒有寫功課的桌子，有時候姊姊也是在床上寫功課，這就讓我對於小涵家的情況有一些質疑。第二次與小涵面談，她的說詞又有所不同，說有一張桌子、是父

親擺電腦的桌子，她也承認自己的放學生活幾乎是繞著寫作業在轉，沒有其他閒暇娛樂。我在第一次見面時，給小涵一張卡片記錄自己是否寫完功課，寫完就畫一張笑臉，因為小涵喜歡畫畫、也考過美術班；第二週她將卡片拿過來，上面有兩張笑臉，但是與導師的說法不同。我選擇相信小涵，因為「相信」是很大的力量，可以激勵人向上，倘若小涵知道自己被相信，她自己也會相信自己。

在與小涵對話時，沒有特別需要注意的地方，只是有時候發現她敘述的故事不連貫，我認為有時候三年級學生會這樣，因此無可厚非，而她對於學習無動機、成就低，可能比較像是文化刺激不足，以及父母親監控的問題。我後來問小涵，為什麼她寫字速度較為緩慢？她說：「怕寫錯，（所以要）慢慢寫。」我於是跟她談「犯錯」是都會發生的，只要修正就好，小涵似乎不同意，她還是寧可一次就寫得很好。這也許是日後諮商工作可以做的重點。

我因為擔心小涵的文化刺激不足，加上父母親是否沒有提供孩子適當學習的一些基本需求（如寫字念書的桌椅），因此請家長來校一談，但是家長似乎沒有理會這樣的請求，於是我只好轉而請班導協助，請她轉達父母親，也給予孩子適當的學習與期待動力。孩子會希望自己達成父母親的期待，這樣表示自己對父母親的愛，同時也傳達

了父母親對他／她的重視，如果家長對孩子期待低於其能力，孩子無法適當展現其潛能，倘若期待過高，孩子的壓力就更大，可能會抑制其發揮，因此「過與不及」都不是我們希望的。我後來送給小涵一本書，希望她的家長或姊姊可以因此陪她一起閱讀，讓她可以享受父母的愛的同時，也體會到學習很快樂！

我的分析

　　小孩子有不同於成人的思考，主要是因為認知發展的緣故。小涵其實是一個善良孩子，只是學校對於不同孩子的一致要求，有時候不能兼顧到這些孩子的需求。小涵寫字慢，因為她希望一次就寫好，也許是她的認知如此，或許是因為父母親的要求，而她的認知可能是「解讀」家長訊息的結果。像是我們一般會獎勵孩子考滿分，但是考滿分的背後就是「要求完美」的訊息，孩子很容易解讀成：「如果無法考滿分，就不是父母親的好孩子。」這樣子讓孩子很容易就感到挫敗，甚至認為自己無法達成家長的理想，有時候還沒試過就放棄，因為害怕失敗！我在與家長會談或是做親職教育時，會特別提醒父母親這一點，況且沒有完美的父母親，又如何這樣要求孩子？

　　有些孩子起步較晚，許多家長就會擔心是不是孩子出

141

了差錯？現在科技發達，很容易可以做一些檢測，即便孩子可能是極少數需要特殊協助的孩子，家長也不必擔心，因為協助的資源與管道有許多。發展學上還是有部分學者相信：每個人的天生「氣質」不同，大部分人可以輕易上手的、有些人則是學習較慢，後者只需要時間與適當援助，學習成果沒有太大區別，最擔心的是「揠苗助長」、後果堪慮。

現在的孩子接觸電腦與網路的機會多，許多孩子會打字，但是認字與寫字的能力就很待加強，許多孩子進入中年級，就開始有學習的問題出現，因為他們的識字程度已經影響到閱讀與理解能力，很多孩子是因為不認識字、所以不懂數學題意，當然就無法解題，這其實就是使用電腦的後遺症。我自己這些年來也仰賴電腦打字，注音符號的能力撿回來了，但是繁體字的書寫有時候會有錯，碰到有些較少接觸的字，倘若連發音都不記得，要寫那個字就更難了！年輕一代有所謂的「火星文」，我其實不擔心，比較擔心的是許多年輕人常常寫錯字，加上媒體又出現許多的「創意」──就是將正確的文字以其他音相近的字取代，許多孩子就視其為真！中國文字之美，其意涵都展現在字的構造裡，但是現在的老師已經沒有太多時間讓孩子體會到自己文化與文字的淵源與美麗，加上孩子也不願意花功夫學習，因此未來我們的傳統文化受到的衝擊會更

深！

當鄰近的日韓等國正在努力要恢復漢字、甚至回歸到原來的基本功的同時，我國歷年久遠的書法課已經在課程中消失，練習書法不只是練字，還可以磨練心性，與目前心理學正夯的「正念」（mindfulness）有關。教育裡的許多「潛在學習」是非常重要的，像是文言文，不只可以讓學子了解到中國文字之美、運用之簡約，還有意境的呈現，只是現在的價值觀不將其列為重要，讓我們的教育變得膚淺、不深入，以後要喪失的可能就更多啦！

一般家長對孩子都會有「稍高」的期待，希望孩子比自己這一代要好，這是很正常的，而家長在期待的同時也會努力提供孩子資源、助長其發展，然而若干家長對孩子沒有適當的期許、甚至「看扁」孩子的能力或未來，孩子當然也就不會有更高的抱負，或做適當的努力。

過動還是？

　　小易四年級，老師轉介來的原因是：過動（正在吃藥控制）、人緣欠佳、喋喋不休、愛計較，上課時口無遮攔也會離位跳舞，在同儕中是很孤立的。小易是獨生子，父親為職業軍人，在外地工作，小易說一週會見到父親一次，小易每天早上會服藥一次，但是他覺得服藥與否沒有差別，幸好小易喜歡運動，一談起運動，他就興致盎然！小易說自己喜歡體育，游泳、跑步都很行，他說跑快的技巧是「呼吸要調好，（用）鼻子吸氣、口吐氣」，他跳遠可以跳到一米三四，跑步也創八百公尺紀錄，他說自己希望以後成為運動選手。

　　除了談運動，小易說自己上安親班、補數學與英文，他說自己在安親班時，曾經被人用利器割傷，幸好沒有大礙，我們談到要如何繼續與這位同學相處？小易承認自己寫作業速度較慢，需要長一點的時間；談到學校裡的學習，他認為老師要兇一點，這樣同學才會改進。小易不喜歡數學，認為上數學課無聊，是因為在安親班都已經上過了，他也曾因為字寫得醜，被安親班老師處罰過。他提到自己也幫助過別人，沒有特別的感受，只是老師說他助人是「越幫越忙」。在與小易下棋時，我發現即使他是第一次接觸跳棋，但是進步很快，可見學習能力不差。

　　要讓小易安安靜靜地坐下來看書或是學習，可能還需要一些訓練，然而誰說學習不能是「動態」的？如果動態的學習活動可以協助小易，我們可不可以設計一些相關的活動呢？加上每個孩子的學習型態不一樣，有些孩子敏於聽，所以朗讀方式或是敘述方式比較適合，有些孩子喜歡動手做，因此可以以動作的示範或操弄，可能促其學習更有效果。當然，儘管孩子的學習有偏好，我們還是希望他們可以從多元方式與管道學習，而不是僅限於其偏好的方式而已！

　　小易說到自己的字因為「醜」，而被老師懲罰過。每一個人的字代表一個人，但是每個人也有其特色，教學上通常會要求寫得「正確」，而不是「美醜」，如果老師認為小易的字體需要改進，最好的方式是讓其臨摹，練習足夠之後，字體就會漂亮許多！我很高興小易每天來上學，雖然學校有一些他不喜歡的，但是他還是每天來學校，也從自己喜歡的活動中得到樂趣！

　　我沒有發現小易是「喋喋不休」的，他幾乎是有問必答，而且巨細靡遺。我不知道小易說服藥與否沒有差別的意思，是他自己覺得沒有差異、還是師長們對他的觀察？談到未來做運動選手，小易也很清楚自己還是需要用到腦袋，所以他目前也很積極學習，只是學習的熱忱與成就似

乎還達不到師長要求的標準，感覺有點氣沮。我告訴小易說：「通常會運動的人，腦袋都不錯。」他也同意，因為：「要跑贏別人，還是要想辦法啊！」我笑著點頭，非常同意他的解釋。

我的分析

　　現在有越來越多學生在小學階段或之前就被診斷為「過動症」，固然診斷之後，可能就由專科醫師開立藥物協助其注意力的專注與衝動性的抑制，但是目前也有研究顯示，不宜讓孩童過早依賴藥物，以免影響以後的發展。只是，即便我們目前國小是小班制，通常一班學生人數不超過三十人、甚至更少，但是老師的負擔還是很重，絕大部分的老師可能因為班上一位較為特殊的兒童而感到班級經營的困難，這自然無可厚非，然而許多的過動兒還是需要從常規訓練開始，可以使用不同吸引其注意力與協助其學習的方式，畢竟有些人對於藥物的反應不一定好，而藥物都有其副作用，不僅孩子不喜歡、父母親也不一定喜歡；有些孩子也不喜歡藥物的副作用，像是嗜睡、不像自己。只是這些副作用，還是可以靠醫師做適當的調整，不要擅自更換藥劑或是停藥，這樣讓孩子總是要從頭適應，畢竟不是好事。最近的研究發現，過動兒的壽命較短，主要是因為其行為的特殊性（如好動、衝動、注意力不集中

等），容易有意外，然而女性過動者通常不會出現典型的過動行為，而是發呆時間較久，這也是觀察與診斷時需要留意的。

小易的過動情況雖然已經在服藥控制當中，似乎他的表現還是不令人滿意。被診斷為過動症的孩子，專注時間較短，但是對於自己有興趣的事物還是可以有很長的注意力，因此只要使用正確的方式引導，他的學習應該不會有問題，像是美國前總統柯林頓也是過動兒，卻不妨礙他後來的學習與成就。小易對於自己已經聽過的課程會覺得無趣，這似乎也很正常，因為孩子就是要新鮮與樂趣，才會讓他們有強烈的好奇心，這也是我們教學上需要注意的地方。

小易提到數學的學習，我想到我國的中小學數學成就在近十多年來落後其他先進國家很多，有學者發現問題出在我們的教學者，因為教學者認為「數學難學」，無形中就灌輸了孩子這樣的觀念，使得孩子在學習上自認為「不容易」，加上我們的數學學習十分無趣，無趣的東西學起來當然不容易有動機。我記得二妹擔任國小代課教師時，有一回要上「體積」的問題，於是她就在上那個單元前一天告訴小朋友：「明天我們要吃仙草。」熱心的家長們就協助準備了糖水與食器。在上課當天，二妹就去買了幾塊

仙草，先從大塊仙草的「體積」開始算，然後再切割，最後是以最小面積的仙草呈現，一步步來。四年級的小朋友很快就學會了體積計算的方式，而且正確無誤，最後大家還可以一起分享仙草的滋味！這樣學數學，哪個小朋友不喜歡？無論哪一個年齡層，如果可以將學習變得很有趣，自然學習動機就強，教學與學習也不會索然無味了！

獨子的心聲

　　五年級的阿輝母親是大陸籍外籍配偶，他是獨生子，父親較溺愛。老師說他懶散、不積極，缺交作業，也沉迷網路，觀念方面有一些誤差（寬以待己、嚴以待人），也喜歡找藉口逃避自己的責任，坐姿不正、會抖腳，也喜歡翹二郎腿，感覺雙親方面沒有要求，才會生活如此散漫。

　　阿輝最近開始上安親班之後，缺交作業的情況有改善，他提到母親因為外祖母生病到過世，都是在大陸協助照顧，所以他與父親二人跟阿嬤同住。談到未來，他想要念大學，對於目前自己的情況給「六分」的滿意度，若要進步到七分，他認為考試要考更好，也需要讀書。

　　阿輝的反應算是正常，只是上學除了考試，其他的學習動機幾乎很弱，他的朋友不多，與同儕也沒有相同的話題，他說老師上課有的很無聊、又喜歡找學生的麻煩，他說只要上了大學，就不怕人管。

　　我詢及阿輝「典型的一天」，他說放學回到家，就寫功課或是玩電腦，晚飯是父親煮的，爸爸因為沒有工作、也常常會去網咖。阿輝說他在網路遊戲裡賺到許多的金幣，買到一些很好的武器，別人也很佩服他，覺得

他很厲害。我問他玩遊戲時需要哪些才能？他說就是要
「會打」、「武器很厲害」，而且言下之意是要「常常上
線」，「功力」才會增加。接著我問：那麼在學校，可以
發揮「功力」的地方在哪裡？他說是跑步，還有體育課的
時候。

　　我了解阿輝是缺乏陪伴的孩子，於是開始與他下棋。
從下棋過程中，我也發現他急著想把棋下完，也許對他來
說，下跳棋並不如玩線上遊戲那樣有趣，但是我希望他可
以除了玩電動之外，還可以培養其他的休閒娛樂，這樣也
許他就不會太「宅」，而與現實生活脫離太多。即便阿輝
對於我所提供的遊戲興致不大，但是他也願意配合，我針
對此也給予鼓勵。阿輝對於他人的鼓勵似乎不在意，我想
可能是生活中他受到讚美的機會太少了，從老師轉介他過
來的理由可以窺見。接著我從與他下棋的觀察中，慢慢跟
他聊到他可能有的優點，包括願意學習新的事物──即便
那件新事物不是很有趣或吸引人，還有他會替我著想下一
步該怎麼走，我說他很聰明，也會替別人著想。

　　後來我們提到，雖然母親不能在家照顧阿輝，但是
也表示阿輝有能力可以自己照顧自己，即使父親不一定能
常常教導他的學業，但是阿輝還是有其他的資源可以運用
（如老師、同學或朋友），因此我相信阿輝可以讓自己過

得更好。我們以阿輝要上大學的目標開始，詢問他想要從事什麼行業？他說是遊戲設計，我就問他：「那麼你開始準備哪些能力了？」他說會玩遊戲，於是我們談到設計遊戲需要能夠吸引人去玩，必須要有哪些因素？阿輝顯然也有自己獨特的意見。至少阿輝知道，設計遊戲還是需要一些相當的學歷與能力才可以達成，因此他的目標很明確，這就是接下來我們可以一起工作的重點。

我的分析

　　許多老師認為與小學階段的孩子談未來有點不切實際，但是這也是生涯輔導的一個階段，不可輕忽。阿輝的生活沒有目標，除了雙親無法適當監控是主因外，加上居住環境缺乏文化刺激也是關鍵。孩子年紀越小，受到大環境影響的程度越深，因為以他們目前的能力無法改變環境，於是只能被動地接受現有的一切。奶奶雖然同住，但是似乎無法承擔親職責任，而父親本身又有失業、沉迷網咖的習慣，更遑論對孩子有正常的期許，所以阿輝的親職失能是顯而易見的。

　　只是阿輝還小，未來還在那裡等著他，身為教育者怎麼忍心讓他就這樣過生活？幸好阿輝對自己還有期許，他希望自己可以念大學，以後也許從事遊戲設計的相關工

作，這就是一個生涯目標。我與阿輝的工作就是讓他的未來更可能「達成」，因此我就從他目前所擁有的能力與經驗下手，讓他可以慢慢將這些經歷與未來自己的生涯做結合，這樣不僅可以讓他現在的生活有目標，也對於自己的學習較能產生動能。

阿輝是否容易沉迷於網路遊戲，這也是我關切的議題，然而他父親方面似乎也沒有監控力，這個影響最大！阿輝也需要去涉獵運動與其他休閒活動，也就是除了電腦遊戲之外的其他選項，這樣他才有可能拓展眼界、不會陷溺於網路。如果阿輝只有網路遊戲這個話題可以聊，也只有少數人願意與他互動，倘若阿輝只以自己遊戲的功力自豪，那麼他就可能無法在其他活動或能力上展現自我。

我第一個想到的當然還是阿輝的父親，因為唯有他對阿輝的影響力最關鍵，因此會邀其來校一談，如果他不願意，那麼我只有從阿輝在學校的一些資源開始，至少阿輝在學校的這幾個鐘頭，可以學習其他領域的知能、與不同的人做真實互動，也聽聽他人的生活經驗與內容，這樣總是比關在家裡一個人好。阿輝的許多行為（如抖腳、蹺二郎腿、坐姿不正）或是觀念的誤差，可能都承自其父，在校的時候他會依據學校的規定作息，所以師長的要求可以多多少少修正他的言行，此外，也要提供更多他可以正確

效仿的對象（如同儕、師長），這樣他就不會只單獨承襲父親的影響，而是有了更多的楷模與做法。

　　阿輝父親無業、跑網咖，多多少少也讓孩子對父親形象有所折損，我比較擔心的是價值觀（「人懶散過生活無所謂」）的部分。雖然阿輝父親目前無業，似乎不是校方可以使力的範疇，但是也可以與父親做生涯方面的諮詢與協助。孩子對於自己未來的生涯，家長影響是最早出現的，也可能是最重要的，我們不是常常聽到孩子說：「爸爸，我要像你一樣」嗎？一個人的生涯不只是養家活口的工具而已，還展現了一個人想要過的生活方式、價值觀，以及自己對社會的貢獻。

悲觀的孩子

　　阿倫五年級，家中有兄弟各一人，與雙親及祖父母同住。醫生年前發現阿倫有輕微妥瑞氏症，但並未給予藥物，阿倫說自己不喜歡女生，在班上也會欺負女生。老師認為阿倫思想較悲觀、負面，也有許多的抱怨，像是說母親囉嗦、偏愛念幼稚中班的弟弟，也會抱怨老師嫌他打掃工作做得不夠好，認為他對於自己目前的生活較無反省力、也不知感激。

　　阿倫的身材算是瘦弱，來到諮商室與我碰面時也一副「淡定」模樣，他說自己課後參加數學補強，老師也說他作業繳交正常，學業程度是中上，在家打電動時間都有規定，像是週六可以玩，但週日不行、因為隔天要上學。我詢及他不喜歡女生的原因，他說有些女生做錯事、還會怪罪別人，他不喜歡，我問他自己有沒有這樣的情況？他沒有回應。阿倫喜歡體育，特別喜愛牛肉麵，在家也會看自己心情練習鋼琴。我與阿倫下棋的過程中，的確發現他比一般同儕聰慧，因為他會去思考接下來的許多步驟與可能性。

　　因為班導特別提到阿倫會欺負班上一位較為特殊的女生，有時候還故意作誇大動作讓全班大笑。於是我也到

他班上去宣導關於霸凌的相關議題，當時阿倫因為行為問題、被老師罰坐在「特別座」上緊密監督。我在與阿倫談過之後，邀請其母來校一談，但是他的母親沒有出現。

　　阿倫的悲觀，其實是因為感覺「自己不被愛」，因此認為自己「沒有價值」，所以對許多事情抱持著負面態度，而表現在學校就成為「吸引注意」的方式，至少對他來說「被看見」總比「被忽略」要好；可能也因為他平日的表現要達到「好」的標準不多，所以就往另一個方向（基本上是一般人不認同的方向）前進。由於阿倫對於他人的感受較少同理，凡事以自己的思考為中心，因此「體會他人的感受」的訓練就非常重要，因此我舉了幾個例子詢問阿倫：「如果你是他／她，你覺得如何？」我甚至問阿倫：「如果我長得特殊，或是有一些身體方面的障礙，你以為是我自己願意的嗎？」阿倫對於這樣的問話顯得有點不耐煩，但是還是值得一試，畢竟這樣的「同理心」訓練是人際關係最重要的知能。

　　阿倫認為媽媽較重視弟弟，因為弟弟的許多表現都比他要好，在服從性上也較高，因此弟弟是「媽寶」，他自己這位老二似乎沒有得到家長的寵愛，讓他覺得若有所失，因此他就往「外」發展。只是他在家庭之外的人際關係似乎也不理想，在若干程度上，他寧可引人注意、而不

希望被忽略，所以他就以較為「另類」的方式來獲得愛與注意。家長或老師當然都喜歡「聽話」的孩子，只是這樣的教育方式當然有問題，因為孩子本身還是一個個體，他需要發展成自己想要成就的模樣，所以適當的放手、讓孩子有自己的想法與創意，孩子才有機會「實現自己」。

我的分析

阿倫是典型的「老二」，上有表現不錯的哥哥，下有受寵愛的四歲弟弟，可能因為父母親的管教，也讓阿倫覺得受到許多約束，平時自己似乎被忽略，只有在行為不良時受到關注。

心理學家阿德勒分析家庭中的五位排行子女，以他們的「心理社會地位」（也就是家長的對待與自己的覺知）做基礎，而描繪這些人的基本性格，阿倫是三位手足的中間小孩，感覺父母親似乎只看到老大的負責與成就、老么的討喜，卻沒有看到自己的努力，因此有被「擠出」與忽略的感受，因此會向外發展，也會尋求同儕的認可，「家」對他而言就顯得比較不重要，但是這是被逼迫的選擇。中間的小孩其實有許多的創意，也有自由的靈魂，有較多的朋友。

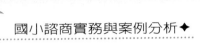

　　阿倫的許多表現其實是「引起注意」的居多，其背後的動機就是「要愛」，因此以阿倫的聰明才智，讓他發現自己有擅長之處，導其往正向發展，他就能發揮自己的能力。孩子的情緒與感受是需要被認可與了解的，我不去批判阿倫的一些行為，只是跟他談對方可能有的感受，換作是他感受又如何？我也盡量貼近他的可能感覺與想法，而不是以大人的觀點與口吻說教。「同情心」是我們與生俱來的能力，像是還在學步的孩子看到別人跌倒就會哭，因為他／她自己也跌倒過，知道那種痛，只是曾幾何時，我們的心變得冷漠無情了，目睹他人受傷、受害還無動於衷，不肯伸出援手？

　　許多孩子因為不了解，所以會對與自己不同的人有偏見，甚至會欺負或是討厭，這其實就是教育最需要著手的地方。我曾經與一位四年級男生對話，因為他不喜歡祖父說話「很大聲」，但是有一件事他明白、卻沒有人指點，於是我問他：「阿公是故意要讓自己耳聾的嗎？」十歲的孩子已經很清楚並不是這樣，所以他就稍稍改變了對待祖父的態度。我舉這個例子也就是說明：孩子是可以教的，只要用他／她可以理解的方式。也因為是孩子，所以這樣的提醒與說明是要常常進行的，以我們身邊最貼近的案例去說明，效果最大。

　　阿倫身為三個兒子的一位，既不像老大那樣穩重、受信賴，也不像老么那樣可愛、討喜，所以他直覺上會認為父母親不公平。孩子的「不公平」感受是要去注意的，如果家長願意多花一份心力、讓孩子的「感受」不同，其實他們就不會計較這些「不公平」。所以我在親職教育的演說上，常常會提醒家長與個別的孩子建立起「特殊」的關係，像是偶爾安排單獨的約會或活動，讓孩子覺得自己是很特殊、被愛的。不管是生幾個孩子，孩子都會覺得父母親「不夠公平」，連獨生子女都會說「媽媽（或爸爸）對我比較好。」何況是有一個以上孩子的家庭呢！而這種「不公平」或是「偏心」的感受真的很主觀，因此並不容易解決，所以還是讓我們「盡量」公平吧！

媽媽的孩子？

　　五年級的小松被轉介來談，是因為常常用詞粗魯、欺負同學，他以為是打鬧、好玩，但是同學卻不以為然，因此常引起同學的不滿。小松很聰明，課業上的表現起伏不定，老師最擔心其對人缺乏同理心。老師說小松有過動傾向，上課也不專心，只知道其父對小松管教較為嚴厲。

　　小松很瘦，看起來較為敏感，他說父親管教的嚴厲程度已經從七降為三，是他可以忍受的範圍，他也認為自己自我約束的能力在「五」左右，我請他描述一下父親的管教，他說父親最重視他的坐姿，常常提醒，而小松認為自己可以做到，不需要父親常常提醒。因為第一次來談是體育課，小松說自己最喜歡體育課，因此我提前讓他回去上課，並請他做一份家庭作業「面帶微笑、協助他人」。

　　第二次約談，小松談到自己喜歡的體育活動，他喜歡扯鈴、不喜歡跳繩，平常不補習的時候，放學回家會先去外公（是老師）家吃飯，因此連絡簿也是外公簽的。小松提到以前考試考不好、父親會打他，現在不會了，只是剝奪小松玩電腦的時間，小松說自己「功課很好，但成績不好」，他認為自己很努力。我後來請小松的母親來談談，目的是要了解一個智能不錯、但是成績差強人意的孩子該

如何協助？

　　小松母親在安親班工作，之前是幼教老師，她真的很擔心小松的發展，因為只要小松在學校出況狀，丈夫就會說是她沒把孩子教好，她說丈夫不願意配合管教是因為丈夫認為她只關心孩子、不關心他，丈夫也會推卸對孩子的管教責任。我表示能體會小松母親的辛苦，強調父母對孩子的要求要一致，要不然孩子很容易鑽漏洞，孩子若有專心的問題，就善於安排其可以專心的時段，讓孩子做更有效率的學習。我也強調夫妻相處的情況會影響孩子的情緒，「身教」很重要、不能光靠說的，而每個人有不同的溝通方式，可以進一步去了解孩子需要什麼？我也請小松母親要注意家庭生活的安排，不要只專注在孩子身上，也邀請其夫加入親職工作。

　　第三次與小松談話，他說父親還是糾正其姿勢，給父親的管教分數是「五」，自己的自律為四到五分。小松不諱言自己會跟媽媽頂嘴，但是也不喜歡沒人管他，因為會孤單，「不管」表示「不關心」。接著我與小松討論「不能」與「不（願）為」的區別，他知道自己有許多「能」，只是不一定會去做而已！然後我們討論當他想跟母親頂嘴時可以怎麼做？因為他不想破壞與母親之間的關係。小松提到：閉嘴、離開現場、說道歉的話。

　　我告訴小松，他是一個有腦袋的人，只是有時候「懶得用」，他很同意，他說他決定不去補習，要在家寫功課，我說：「你是一個有自己意見的人，我很欣賞，但是同時也要慢慢學習做更正確的判斷。」

我的分析

　　不要當小朋友沒有能力，他們其實有自己解決問題的能力，因此我很少建議，而是與他們討論已經使用過的解決方式、效果如何？偶爾提醒他們一些可能沒有試過的方法。

　　小松對於自己的行為似乎較無反省力，所以他認為的「打鬧」，其實讓對方很不舒服，因此就要提醒他這樣的行為應該有限度、也要顧及別人的感受。缺乏同理心能力的孩子，通常會危及他／她的人際關係與學習，因為無法感受他人的感受，所以容易自行其是、自我中心，這樣的人就不受其他人的歡迎。

　　小松的父親也對妻子吃味，許多的女性為人母之後，似乎就將過多的心力放在孩子身上，無形中可能就讓伴侶覺得自己被忽略，然而是不是因此而將教養責任推開？似乎也是值得爭議的問題。我不願意去評斷小松父親是不是

165

因此而不想盡父職，或者這只是他的一個藉口，但是還是會寄望在小松母親身上，看是否可以請父親重新入列？而父親的疏離、或是必要時才出現的嚴厲管教，在孩子的感受裡，這就可能被解讀為「不被喜愛」、甚至是「被拋棄」。小松是他們夫妻的第一個孩子，新手父母親當然會花費更多的時間與心力在孩子身上，這一點我沒有在小松父親身上看到。

研究的發現也是父母親各司其職，孩子的發展最佳，母親的溫柔與呵護、父親的管控與保護，可以讓孩子在感受愛的同時，也學會自律，然而若是雙親之一自動或是被動抽離自己的角色，孩子的發展就可能更辛苦！小松將要經歷青春期，父親的保護會讓他對自己有自信，要不然會因為保護自己而採取不適當的行為或方法。

很有趣的是，小松的父親似乎只在意孩子的坐姿。也許作父親的用意良善，但是常常糾正，讓孩子只感受到父親的「在意」、沒有背後的「關愛」。也許小松父親可以改變策略，也就是當他看到小松坐姿正確時給予讚許或鼓勵，相信孩子會因為這樣而願意多做一些「正確」的事。

許多家長都是第一次養孩子，因此第一個孩子的成長過程對父母親來說也是生疏的，許多學校與社福機構都會

舉辦親職教育的相關活動，其目的就是要協助家長可以教養出更有助於社會的未來棟樑。我經常聽到學校或是法院的主辦親職教育課程的人員提到：需要親職教育的人通常都不會出現在親職演說或座談的場合。其實這樣的說法有一點不公平，因為，（一）許多家長可能忙於生計，舉辦親職教育的時間與他們的工作時間衝突；（二）即便時間配合大部分家長，但是有些家長的孩子年紀太小，也擔心擾亂會場，因此如果學校有安親等附帶的措施，家長的參與度會更高；（三）許多家長都有自己獨特的議題想要找到答案，然而許多的演說都只是「專家說」，沒有顧及到個案，即使演說或座談之後有一些交流時間，有些家長還是不好意思將自家的問題在大家面前說出來。最好的親職教育其實是家長彼此之間可以有許多機會接觸、分享，這樣其說服力與有效性也高過專家所說的。

魚的專家

　　阿嘉被同學老師視為「怪咖」，因為他不僅容易分心、自行其是，做事要按照自己想做的方式，倘若改個方式，可能就會像電腦「當機」一樣、動作非常慢，這樣當然影響到他的人際關係與學習。阿嘉喜歡自己行動，即使是戶外教學，他也會突然脫隊、不知道到哪裡去。阿嘉上頭有一位年齡差距較多的哥哥（念高中），父親說阿嘉被診斷為有輕微的「亞斯伯格症」，阿嘉的數學較差，但是對與自然有關的學科很有興趣，也喜歡動植物，有豐富的相關常識。

　　我第一次見到阿嘉，他就表示自己喜歡動物，家裡也養了魚，於是我們就開始聊他最喜歡的魚，「紅龍」是他的最愛，他還畫了一張圖，也捏了油土，都是以紅龍為主題。阿嘉對於魚的知識非常豐富，對於不同種類的魚個性也有研究。他說數學不好、父親會教，但是要上英文安親班，最討厭背一大堆東西；母親會陪他寫作業，通常是在晚上十點至十二點之間，他會先寫容易的、然後寫難的。阿嘉說自己是「選擇性」注意力不集中，我也發現他在字彙的使用上，以及心智年齡上要比同儕都要高一些。

　　我說自己今天碰到「魚的專家」，學到了許多的知

識。我先讓阿嘉了解背英文單字的不同方式（像是用已經認識的去背新的字彙，或是將字組的結構拆開做聯想），然後他就邊畫圖邊跟我聊天。阿嘉說父母師長的管教是為了孩子好，只是管教有好有壞；他提到哥哥明年要考大學了，爸爸認為自己成績不及兄長，讓阿嘉覺得自己似乎很難達成父親對他的期待。阿嘉還說自己不喜歡洗臉，會等到「有時間」再洗，他自認為在班上有四位好友（他還強調與其中一位是「亦敵亦友」）。

我對於阿嘉談到魚的話題非常有興趣，也很專心聆聽他的陳述，他越講越高興。我問阿嘉以後是不是想要做魚的專家？他說最想做太空人，因為可以去研究不同的生物，我說：「哇！那你就要學許多科學方面的知識了！」我覺得阿嘉真的對自己的優勢非常清楚，也嘉許他繼續努力。與阿嘉談話是很棒的經驗，可以從他那裡獲得許多的資訊與新知，關於魚的部分，就讓我上了一堂不可多得的課，而他的觀察與表達，也很精準而細膩。後來有學生詢及阿嘉來諮商室的事，他說：「他跟妳講什麼？」我很好奇這位同學為什麼這樣問？他說：「因為他很喜歡來這裡！」可見阿嘉也與同學分享了來諮商室的好經驗。

阿嘉偶爾的「當機」，其實就是一種抗拒的表現，主要是他的喜惡分明。其實阿嘉的學習雖然有偏好，但是

相信只要所學的課程吸引他的注意，他還是會願意去學習，因為阿嘉自己還會去找相關的書籍來看，可見他的自主學習能動機是夠的。我從阿嘉喜歡魚的部分開始，與他聊到這些知識用在其他生活面向的情況，讓他可以「舉一反三」做適當的連結，同時也讓他知道這些知能都是息息相關的，他也可以運用他對於魚類的知識，結交到許多朋友。

我的分析

我很喜歡與阿嘉對話，因為他的思考方式不同，然而也許就是因為如此，才不太能與同儕作交流，因此許多的行為可能都被同儕視為「怪異」，這樣的孩子在學校當然會很孤單，因此最後他也只能選擇「獨處」。真正成功的教育應該是「適才適所」，也就是依據孩子的特性做「客製化」的教學，只是我們的社會還是注重「群體」的文化，聚焦的是「服從」、「一致」，如果想要當少數的特殊份子，就很容易被打壓或是排擠，教育也不例外。

幸好現在科技文明發達，資訊也多、傳輸迅速，想要知道的東西上網就可以找到，而每個人的學習有其偏好之處，有人喜歡閱讀、用聽的，或是動手做，教育可以開發不同的學習方式，自然可以拓展個體的視野。許多孩子都

已經習慣了電腦,像阿嘉這樣願意去找書閱讀的已經不多了,他當然也可以經由閱讀與其他管道讓自己的知識更廣博、深入,這一點需要家長與師長的協助。

　　阿嘉的學習是有偏好的,他喜歡的就努力去學,自己也會找資源,不喜歡的就很難去碰,這樣的情況與一般孩子無異,只是他的「偏執」有時候會特別突兀。每個孩子都是自己生活的專家,如果師長願意尊重孩子的看法,站在他/她的立場去思考,其實很容易了解孩子。而獲得了解的孩子也較容易推心置腹、願意分享。以前我也碰過一個「植物專家」,他對於校園內所栽種的花草都可以說出名稱,而且也了解其生長的區域與特性,然而他也是大家視為「怪咖」的人,他是國中生,可以感受到別人的刻意排擠,這才是最讓他痛苦的。我們談話過程中,他決定開始製作自己的「植物圖誌」,後來還給我看,與專家做的分毫不差,真是令人驚豔!好玩的是,因為他願意與同學分享這些知識之後,朋友也變多了!

　　在與阿嘉相處的兩次經驗裡,我知道他是一個真誠的人,也很願意分享,我不知道是不是因為父母親與兄長都比阿嘉年長許多,所以他比較擅長與「長輩」說話,如果以阿德勒學派的理論來看,阿嘉算是么兒,么兒較受寵、自行其是,也有如獨生子女的特色,像是較有獨立能力,

同時與長輩相處較為自在。對於這樣的孩子，首先要讓他有可以與同儕相似的經驗（包括生活中共同的體驗），這樣子就可以有相通的話題可以交會，當然不要讓他一人「獨享」這些「專門」知識，而是製造機會讓他可以與更多同儕分享，甚至帶領同學去認識一些魚類，那麼他就可以更有自信，人際關係也隨之獲益。

「把當事人視為專家」是後現代治療的主要理念，而當我將阿嘉視為「魚的專家」的時候，我是抱持著「不知」的立場，非常專注而好奇地聽他發言，每一個人會因為「被聆聽」而感受到「被尊重」，因為「被尊重」就會願意「分享」，同時我們也在「聆聽」之中，「找到」當事人的優勢與解決問題的方法，接著可以協助當事人將以往的成功經驗再度喚出，也願意繼續做嘗試！

沒有朋友的阿昇

五年級的阿昇與單親母親、外公與姊姊同住，上學期中才轉來這個學校，然而現在許多同學都不喜歡他，說他在跟同伴玩耍時，會偷偷欺負人家；阿昇在學習上數學較差，其他科目還可以。老師認為阿昇很會看人臉色說話，在老師面前是乖學生，不在老師的監控範圍內就「小動作不斷」，有點自大，偶爾說謊，也會欺負同學，最近似乎對「性」方面的議題有興趣，曾說出不恰當的用語。

阿昇上面有一位念國一的姊姊，外婆因為失智症住在台南的療養院，因為附近有阿姨們可以就近照料。阿昇說父母親是他在五年級上學期時離婚的，他說父親吃檳榔、喝酒、還會打家人，在他念幼稚園時，就曾經看到父親用酒瓶砸媽媽的頭。我問阿昇對於父母親離婚前後的感受，他說離婚前會害怕自己被打，姊姊會作惡夢。媽媽似乎對阿昇的冀望較高，因為阿昇媽媽說阿昇較用功，姊姊卻只會玩手機。

我與阿昇談到他喜歡的偶像，希望從他喜愛的偶像中找到一些可以激勵他的方式。阿昇說喜歡「棒棒糖」裡面的「夐犬」與「小昱」（因為頭髮帥），我問他如果這兩位偶像在他面前，會跟他說些什麼話？阿昇說「夐犬」會

要他「用功讀書」。我也檢視過阿昇「典型的一天」，他放學之後去安親班、寫評量，七點半時母親或外公會去接他，回到家後吃飯、洗澡、玩電腦或看電視，大概十點就寢。阿昇說自己在學校有十多位朋友，他認為朋友的定義是：有玩具可以分享、聰明、會幫助或安慰人。

對於阿昇的協助計畫，首先是同理心的養成，同時可以讓一些他可以效仿的對象在他周遭，這樣他就可以觀察與學習，效果也更佳！於是我先請阿昇去觀察有人氣的同學的一些行為表現，而他喜歡的「獒犬」又有哪些特質可以贏得粉絲的喜愛？阿昇說自己有許多朋友，但是問題是別人並不一定認可是他的朋友，主要原因就是他有一些小動作，會讓同儕不高興，畢竟小朋友是在乎公平對待的，對於同儕的反應也很直接。我請老師們協助：當他們看到阿昇一些還不錯的行為時，請予以鼓勵，也示範一些好的、正確的行為讓阿昇知所依從。

阿昇的家庭生活中，沒有一個可以學習與仰賴的男性角色，因此他就會自己發展，所以從教職員或是同儕當中，選取一些楷模讓阿昇可以觀摩學習是很重要的，而若有成年男性願意多花一些時間給阿昇、讓他信任，那麼阿昇就可以有更好的學習與進展，對於正進入青春期的阿昇而言，與他以「男人對男人」的方式談切身問題也是必要

的，這樣子他對於「性」的好奇與了解就不會偏差太多。

至於阿昇「前倨後恭」的態度，我第一個想到的就是他害怕「權威人士」，因此這是他的「求生之道」，所以我也不必去追究。反而是我這個諮商師的角色，會不會也是「權威人士」的一種？我應該要以怎樣的態度來面對阿昇？我說明了自己的角色與立場，也讓阿昇很清楚自己可以怎麼做。

我的分析

現在有許多多元的家庭，單親、繼親或是隔代教養家庭都有，主要是因為時代的進步與變遷，傳統的「完整家庭」已經不像往日那般普遍，因此許多孩子也必須要去適應。我們一般人還是會有「完整家庭」的迷思，希望一家人每個人都「到位」，但是問題是即便是結構完整的家庭，也不能保證其功能完整，有些人為了要保留「完整家庭」的形象，甚至要受苦更多，當然在學校，有一些天真的孩子甚至會以同儕家庭的狀況來取笑對方。阿昇是單親家庭的孩子，但是不管家庭結構或是形式如何，都不能決定一個人的未來，主要還是在當事人本身。我也是出身於單親家庭的孩子，但是目睹父祖竭其能力在愛護我們、養育我們，甚至沒有教我們「恨」，因此日後我們這些孩子

可以重享與母親相聚的天倫。

我猜想阿昇的外公可能比較嚴厲,而他的許多行為也受到糾正,加上學校老師也會要求,因此他比較害怕威權人士,然而這個「害怕」也可能只是表面功夫,所以讓老師認為他「前後不一致」。一般老師不喜歡這樣「老成」的學生,可能認為「社會化」太高,或者是沒有孩童應有的天真;然而我們的教育似乎只容許那些對威權順服的下一代,對於孩童或是個體有自己的思考的,總是會加以撻伐,許多孩子可能就因此而不被尊重或受傷。至於阿昇會「趁機」欺負一些同學,可能是與姊姊或是同儕打鬧而來,他不知道事情的嚴重性,以及別人可能有的感受,所以這些都可以明白教導,甚至讓他做實際體驗,阿昇就可以了解。

儘管阿昇的父母(可能)是因為父親暴力而仳離,有必要也可以找母親來談談孩子的教育與孩子對家長離異後的情緒與適應。許多的離異夫妻常常以孩子為爭戰的「籌碼」,彼此說對方的壞話,企圖破壞對方在孩子心目中的形象,其實這樣就是教孩子「恨」,造成親子都是「輸家」!已經有研究證實:夫妻若是長期爭吵、不和,對孩子的傷害最大,如果夫妻離異之後,還可以勝任其親職,對孩子的發展最沒有阻礙!我國的離異夫妻可以「善終」

者少，有許多夫妻的戰爭一直延續到孩子成年都還繼續存在，讓更多人長期受苦！

　　國內有些宗教團體或是非營利機構已經開始對即將結縭的夫妻做了婚前諮商，這其實是一個好現象，畢竟兩人可以相知相惜、攜手一生，是多麼棒、又值得慶幸的事，倘若因為個性或是相處有問題，也會經過時間慢慢磨合而漸入佳境。只是現代人自主性都提高了，也有較多的選項可以選擇，不像以往只憑媒妁之言就要廝守一生，因此接納多元家庭的存在是一種必須，而如何讓生活在其中的每個人都可以安心成長與發展，就是共同的目標。

頭痛的阿明

　　阿明，五年級，老師的觀察是下課後話不多，但是上課時卻會「碎碎唸」，有自己的想法，平日表現也很合群，會主動幫忙老師與同學。阿明與父母、祖父母同住，母親是來自中國的新移民，父親務農、叔叔會幫忙，阿明還有一位念國中的哥哥。老師說阿明是主動要來做諮商的，因為阿明最近莫名的頭疼，老師的猜測是哥哥在校的表現不佳、與人有糾紛所引起的？此外，阿明似乎對母親對待他的方式有怨言。阿明平常週末會到學校打籃球，但是老師擔心阿明最近認識一些成年校友，也受到這些人的影響、有一些不當的行為。

　　阿明說自己是因為說了「不該說」的話，所以鄰座的女生就捏他，他才會「碎碎唸」。他說明自己的頭疼情況是右邊側頭部分，有一種刺痛的感覺，以前上閩南語課也會緊張到肚子痛，他的解決方式是「看一下書」。阿明坦承自己在家經常被母親罵，因為母親在工廠工作，說話很大聲。阿明說哥哥在家會搞「自閉」、把自己關在房內，所以他也沒有說話或是玩耍的對象。阿明說祖父大腸癌，祖母背不好（拄拐杖），爸爸媽媽管哥哥比較多，自己在家會用手洗衣服。

　　聽阿明敘述他的家庭生活，感覺上是很孤單的孩子，父母親忙，媽媽會唸他，但是哥哥也不理睬他。我細問了他頭疼的症狀，請老師帶他去給專科醫生做檢查，看看有沒有生理上的問題所引起，不過阿明似乎是將頭疼視為「緊張」所引發；偏頭痛的症狀若無生理上的因素，也有極大可能是因為壓力。但是一個十一歲的孩子會有什麼壓力呢？孩子的想法跟成人不一樣，成人或許會認為孩子的壓力微不足道，但是以他們的世界觀或經驗來說，還是有焦慮與擔心，而這些若是因為能力不及而無法妥善解決，甚至沒有人聆聽，也會是另一層壓力。接著我與阿明一起讀周大觀的一首詩〈鄰居〉，與他討論「選擇」的問題；此外，我還請阿明列出自己可以管理的部分，他列出三項：不要一直打電腦、寫功課、與哥哥協調玩電腦時間。

　　因為發現阿明的孤單，所以我在下棋的時候就讓阿明盡量說話。他的表達能力不錯，也很會聊，可見平日或許沒有可以說話的對象，怪不得他會「碎碎念」，彷彿是與自我的對話。我讚許阿明會自己打發時間，但是同時也希望他可以與同儕有更緊密與和諧的相處。另外我提到母親之所以說話很大聲，可能是因為工作地方較為吵雜，所以多多少少影響了聽力，要阿明不要將媽媽的「大聲」說話解讀為「生氣」，這又回到了之前所說的「選擇」問題。

　　阿明離開諮商室時，說頭痛情況減緩了，我提醒他還是要給醫生作檢查，同時也要注意不要在電腦或電視前面待太久的時間，因為這也會引起頭痛等症狀，要有適當的休息才可以。

我的分析

　　阿明可能以為我是「醫生」，所以拿頭痛的問題來，希望我可以協助。當然頭疼不只是生理上的因素，許多的頭疼與心理上的因素有關。阿明說到自己緊張時會頭痛，因此進一步的檢查與了解有其必要。

　　許多家長為了餬口，鎮日忙著工作，有時候忘了與孩子找時間相聚是很重要的。加上現在許多的親職「外放」給其他機構或人士（如安親班、補習班、托幼或保母），父母親將重心放在生計的維持上。其實，我接觸這麼多孩子，當然也有以物質享樂為重的，但是極其少數，絕大部分的孩子是想要與父母親一起共處的，即使只是少許的時間。有些父母親即使物質條件不豐裕，但是花很多時間與心力在孩子身上，孩子所談的也是以親子活動居多，而較少父母陪伴的孩子的話題則是繞著電腦、電動或是自己獨自玩耍的內容較多。

　　因為只與阿明見過一次面，我還沒有機會跟他提及校外朋友的事。一般老師會擔心學生若與年紀較長的校外人士互動，可能會有較負面的影響，畢竟對方的生命閱歷比較豐富，年幼的孩童容易因為辨識不清、受到不良影響。許多國中、小老師的經驗也是如此，尤其是那些在校內無法與同儕做良性互動的學生，也許就將社交觸角往校外發展，很可能就結識了一些素行不良的人，這也是歷年來造成學生中輟、或是參與不良幫派的主要因素。當然情況並不是只有這樣的結果，也有一些學生碰到一些苦過的人，他們會規勸學生好好珍惜在學校的時光，甚至告訴學生一些社會的現實，協助學生們朝社會有益的方向前進。以前我認識一位國三學生，他幾乎要放棄自己的未來，但是在校外認識的乾哥哥姊姊們卻勸他不要太早放棄，因為人生大有可圖，也就是將學生拉回到正軌的重要力道。

　　有時候成人較不具說服力，得要有與學生年齡相近的同儕的經驗談，才較有說服力，畢竟他們是「同一掛」的，比較了解彼此。在諮商的派別中，也有一個取向是邀請「過來人」擔任諮詢的角色，可以協助目前正在掙扎的當事人。我之前曾經與一位國三的中輟生談過話，她是自己決定重新返回學校繼續求學，這樣的案例很令人振奮，於是我就邀請她擔任中輟生諮詢委員，當我遇到中輟生時，就會安排一個時間讓他們對話，這位諮詢委員所說的

話更容易被接受，影響力更大！很早之前，我也發現自己
大弟似乎有行為上的問題，於是就請一位他信任的同學做
適當的規勸，他的這位同學當時也很愕然，問我怎麼會想
到他？我說：「我的關係跟你跟他的關係不同，有時候你
的影響力比我大！」我們在國小做諮商工作，最重要的還
是運用學生現有的資源（包括師長、家長、同儕），因為
這些資源存在的時間比我這位「外來」的諮商師要久，也
是當事人生活的重要支持力量。

小彥的兩難

　　小彥念五年級，母親是越南新移民，表達能力不佳，父母親都領有精神障礙手冊，分別為中、輕度。因為家境不佳，父親只是偶爾打打零工，因此學雜費等都靠補助。小彥是獨生子，奶奶雖未同住，但是很關心小彥的生活。小彥的成績表現在中間程度，老師說他理解力不錯，只要肯在放學後靜下心來寫功課，情況會更佳；小彥在學校的人際關係良好，也有一位很要好的朋友在班上。

　　小彥的父母親經常爭吵，父親有酗酒習慣、脾氣亦不佳，雙親爭吵時小彥會跑出家門，在外遊蕩或是去網咖。奶奶說父親在外面有女友，要將小彥母子趕出家門，父親也會對母子施暴、對母親尤其嚴重。奶奶因此申請保護令，尋求社會處協助，目前母子被安置。

　　小彥說自己做完功課才去看電視，因為怕罰抄寫課文。小彥說父親會打母親，有時候丟東西會扔到他，他很擔心父母親離婚，曾經因為雙親爭執，自己在半夜跑到附近的國小去。小彥說是因為母親念叨父親時，父親才會打人，父母親經常為了金錢爭吵，母親會去朋友家打掃、賺點補助。小彥說好友整天會哼歌、常被老師罵，小彥勸過他，但是無效。小彥還說自己長大想要當軍人。我看小彥

的字體很工整，他也會畫漫畫，喜歡運動與象棋、不喜歡電腦課。從小彥的畫中可以看出他的恐懼與害怕，他也希望自己可以保護這個家，免於崩落。

第二次見到小彥，老師說雙親正在協議離婚，他們母子仍在安置中，母親目前沒有工作，常在住處看電視。小彥說父親最近有工作，會來學校看他，奶奶偶爾也來探望。他說在家裡常常會跟媽媽說話，他希望自己不要像爸爸那樣。我跟小彥說，父母親有自己的事情要處理，不是小孩子能夠協助的，小彥自己是孩子，只要做好自己該做的事就好，就不會添加父母親的煩惱；雖然父母親有自己的問題，但是並不影響小彥做自己，有時候小孩子學到的就是「不要像自己的父母親」，不過有一件事是真的，那就是父母親，還有奶奶對小彥的愛。

對小彥來說，父母親缺一不可，都是自己摯愛的重要他人，雖然父母親彼此的感情不佳，父親甚至有酗酒與暴力的問題，但是對小彥來說，還是希望生活在一個「完整」的家庭裡。奶奶對於自己兒子的行徑也不贊同，可見她是是非分明的；只是小彥年紀還太小，還不能理解有時候「情感」是沒有是非可言的，或者是許多事情牽扯到情感就不一定有是非，這當然包含其雙親的婚姻關係。雖然雙親進入到協議離婚的階段，但是因為母親沒有自力謀生

的能力，而父親目前又失業，法律上判給誰，對小彥來說都不是最好的。我不知道奶奶屆時有沒有照顧小彥的能力，而雙親的問題讓孩子成為最大的輸家，都不是我們所樂見！

我的分析

　　小彥的案例充分展現了身為孩子的無能與無力感，對於父母親的關係無法處理或有所作為，而日常生活的安排也窮其無聊。因為擔心父母親的緊張關係，孩子會缺乏安全感，這當然會影響到他的學習與生活其他面向（充滿焦慮與害怕），而孩子的世界觀也會不同（如世界是可怕的，男人應該要使用暴力等）。小彥雖然知道自己父親施暴不對，但是情感上還是需要雙親的愛，也希望父母親可以在一起。

　　父母不和最大的犧牲者就是孩子，已經有研究證明：孩子在雙親持續爭執的家庭裡，其適應力最差，甚至比家長已經離婚或死亡的孩子的適應更差！可見持續的爭吵或不和，其實是最大壓力的來源！我國的情況又有另外一個發展：雙親離異之後，孩子還是繼續受到負面影響，因為雙親的爭戰持續！也就是雖然父母雙方脫離了婚姻的關係，但是仍然為了自己的「意氣」與私利，以孩子為「籌

碼」。

　　許多暴力的罪犯是從家庭裡學習到使用暴力的，尤其是從父親身上。男孩子從暴力父親身上學習到的是「解決問題的方法」，容易成為下一個施暴者，而女性從暴力父親那裡學習到男性是可怕的，容易成為下一個受害者。雙親的情緒管理就是孩子最佳的學習對象，

　　這個案例也提醒我們注意情緒教育的重要性。我們在學校與家庭裡的情緒教育是不夠的，許多的家長本身不會特別留意孩子的情緒教育，有時候反而適得其反。首先，情緒是每個人重要的一部分，情緒有其生存之意義（像恐懼），也有其社會意義（與人互動、同理心是必須的），接受我們有諸多情緒的產生與表達，接著才有機會去真正認識情緒，更了解自我與他人，然後才可能有管理（包括表達、抒發與監控）情緒的教育。

　　我們的教育對於「不喜歡」的情緒很壓抑、甚至遏止，這樣相對地就等於是告訴孩子「有這種情緒是不對的」，其實情緒就是情緒，接受它們的存在、有其特殊意義，這才是情緒教育的第一步。日常生活中，常常看到父母親要孩子「不准哭」，或是「男兒有淚不輕彈」，這就是不讓孩子接受「情緒是我們的一部分」的事實，當孩子

出現情緒的表現時，不要去刻意壓制他／她，而是表達出我們知道也了解他／她為何有這樣的情緒，然後才做必要的安撫或進一步了解的動作。孩子可以自然表現其情緒，也表示孩子是健康的，因此接下來教導孩子在適當的場所與時刻展現情緒，才容易收效！孩子也需要了解表達與抒發情緒的建設性方式與管道。每個人有其特殊表現的方式，只要不危及性命，或是妨害善良風俗，也都可以接受。同時注意不要只是以少數幾種管道或是刻板的方式來表達情緒，而是可以去開發更多元、更建設性的管道，如聽音樂、看影片、運動、與朋友互動、繪畫或演奏。有些人不太善於用說的方式表達情緒或感受，也不必勉強，不同的媒材或是方式也都可以達到同樣的效果。極少數的人以「自傷」的方式來表達情緒，這不是我們會鼓勵的行為，只是許多家長對於「自傷」的目的與涵義了解不多，可能就影響其處置方式。「自傷」通常是用來「控制」或「喚起」情緒的自毀方式，其目的不是死亡，但是有時候也可能會意外造成死亡的悲劇，青春期許多的自傷受到同儕影響較大，家長們也要特別注意。

強迫症的孩子

　　小宣的母親帶她來這裡，母親說因為女兒最近洗手洗得很勤，已經快讓她發瘋了，所以帶來給我看看。小宣的母親似乎是事業有成的女性，從她進門開始，手機就沒有斷過，她也很自然地就開始講電話。我看到小宣似乎對母親的一舉一動很在意，眼光老是投向母親的方向，感覺上她是看母親來行動的。

　　小宣說自己的問題是「洗手太多」，於是我轉向她母親：「我也洗手，媽媽也洗手是不是？」小宣母親一時之間不知如何反應，後來才唯唯諾諾說：「是。」我轉向小宣說：「我們也都會洗手啊，只是有時候洗的次數太多，可能自己也不舒服。」我請小宣敘述自己洗手的情況，在什麼時候會花費比較長的時間？怎麼洗的？小宣說自己會用肥皂努力搓洗，有時候皮都破了。我說：「很痛吧？」她點頭，順便瞄了母親一眼。接著我就細問小宣在哪些時候會比較想要去洗手？是怎麼決定的？還是有人告訴她？洗過以後的感受如何？小宣提到自己在學校只有幾堂課不會想洗手，其他時候都會有個聲音說她很髒、趕快去洗手，有時候她聽了很生氣、但是還是忍不住就趕快去找洗手台；洗過手之後，那個聲音就不見了她也輕鬆許多。

　　我已經開始在做治療，同時也邀請小宣的母親加入，因為我知道小宣可能有某些焦慮，因此以行動表現出來，但是我的治療可能只有一週一次，緩不濟急，所以請家長一起來合作是必要的策略、對小宣也比較好。但是，小宣的母親似乎很詫異我的行為，因此也表現得很敷衍。小宣說自己洗手的習慣已經有幾個月了，情況好像越來越多，她自己也不喜歡，可是就是無法控制自己。

　　我問小宣那個聲音叫做什麼？她就說「髒先生」，我也明白原來那個聲音是「男性」，接著我們的談話就會以「髒先生」來替代那個聲音，過程就順利許多。小宣也提到自己「對抗」「髒先生」成功的事例，她說當自己上體育課或英文課時，就聽不到「髒先生」的聲音。我告訴小宣我以她為榮，因為她勇敢而直接地拒絕「髒先生」的無理要求，可見她是有能力這麼做的！

　　在與小宣談話過程中，我觀察到小宣一直在看母親的反應，我猜想小宣對於母親的一舉一動是很敏感的，或許她很擔心自己是不是吻合母親的期待，因此我順勢將母親拉進治療現場，可惜母親沒有這樣的經驗或是期待，因此收效不佳。於是我決定就針對小宣來做治療，從她的立場與角度來看發生在她身上的事件。

我的分析

　　小宣的焦慮不是一時突然發生的，而是持續焦慮的情況讓她產生因應的行為，才有了一些「強迫性」行為出現。觀看小宣與母親互動的方式，我可以了解小宣的焦慮可能自哪裡來？只是還不確定是哪些因素所促成。

　　發展階段中的孩子（兒童到青少年），很可能因為內心的焦慮感受無法經由適當管道表達出來，而以強迫症的方式表現，最常見的就是洗手、檢查的行為或者是拔體毛。他們需要藉助於實際的行動來紓解自己的焦慮與壓力。小宣不是我首次遇到有強迫症的孩子，我曾看過一位小三學生會拔眉毛、小五男生會拔自己頭髮，在外型上與同儕不同，自然就受到注意或排擠。

　　通常有強迫行為的孩子不是自己想要做出固定的行為，而是「聽見」了有聲音要他／她這麼做，但是這種「幻聽」又不符合其他心理疾病的徵狀。所以我才會問小宣：「是不是會聽到有個聲音？那個聲音怎麼說？」我讓小宣為那個「聲音」命名，接著就以「髒先生」這個名稱來稱呼它，這樣的作法其用意在於將「問題外化」——不將問題歸給小宣本人，而是將「問題」與「人」分開。然後我進一步了解「髒先生」較常出現的時刻，以及小宣因

195

應的方式,還問起小宣「對抗」「髒先生」成功的時候,這就是「尋求例外」(或是尋求成功經驗)。

雖然目前治療焦慮或強迫症最有效的方法還是認知行為治療,但是因為小宣年紀尚小,我採用的是「敘事治療」的一些觀念與技巧,比較適用於小宣這個年紀的孩子,接下來我可能就會加入認知行為的若干原理與技巧做介入處理。

所有的治療都不是治療師一人可以獨力為之,需要將當事人的重要他人(如家人、師長)與環境也納入整個治療團隊裡,這樣才會有加成的效果。我們臨床經驗發現:年幼的孩子容易將家庭問題攬在自己身上,也容易出現行為問題。因此當我面對小宣時,我考慮到的不是她的「問題」本身,而是週遭可能的其他影響力與因素。我之所以邀請母親入列,主要就是這個目的,當然我不是在責怪小宣的父母親,但是小宣母親似乎不了解我這樣邀請的用意,急著要帶小宣去看精神科醫師,看能不能以藥物方式作迅速的處理?這也許與小宣母親習慣的「企業」作風有關,她或許認為:倘若有藥物可以協助將問題做迅速、有效的處理,為何不呢?畢竟諮商對她來說還是新穎的名詞,而既然孩子生病就要找藥來醫。如果我有機會與小宣母親再度見面,我會以諮詢者的角度來協助家人,讓他們

來協助小宣，這樣的效果更大！可惜的是，小宣母親也許
是小宣焦慮的來源之一，但是她自己卻不自覺，也沒有展
現出配合的誠意。

霸氣的小葳

　　六年級的小葳成績很好，又是美術班的學生，人也長得高大。她對自己的自信展現在課堂上的強烈學習動機，但是老師就是覺得她的「態度」不對，包括她對班上其他同學的態度——只要是不服她的，她就會強力反制，甚且要同學們不跟某位同學玩耍或說話，搞得班上氣氛很奇怪。老師跟小葳提過幾次，小葳在人前唯唯諾諾，轉過身還是依然故我，這一點讓老師很難過。老師也與家長談過，家長說小葳在家與其他場合的表現不會如此，言下之意似乎只在學校發生，好像也在暗示老師自己需要檢討。老師跟我談這件事時，表情是又好氣又好笑：「妳說孩子是家庭的縮影，真是很有道理。」

　　小葳的課業是強項，但是她卻以這個強項來「欺壓」別人，不僅瞧不起課業不及她的人，還會打擊與她競爭的強力對手。導師對於小葳的行為也莫可奈何，因為她的「人脈」很廣、影響力很大，如果導師有些政策不能得到小葳的支持，就可能會無法執行，如果是強力付諸行動，小葳還會聯合一些同學做消極抵制。看樣子老師也受到霸凌了！

　　小葳的父母親都從事高科技業，也對於獨生女的小

葳百般疼愛，而小葳的許多表現的確也讓家長放心，她在課業與其他學術活動的表現（像是演說、朗讀）幾乎都勝人一籌，但是小葳對於求學與待人的態度卻是許多老師與同學抱怨最多的地方。老師說小葳因為在補習班都先上過課，因此在老師上課時常常是心不在焉，甚至去逗弄同學，老師只要當面質問她，小葳就開始對老師說教：「老師，這些我都會了，你／妳這樣說我沒辦法學新的東西。」有些老師聽了當然也會生氣，但是對一個還未成熟的孩子而言，生氣似乎又顯現自己的不成熟，所以老師最後還是放棄了，只是小葳的行為已經不只干涉到老師的教學，也牽連到其他同學學習的機會。

我到小葳班上去做班級輔導時，也目睹小葳的強勢，她經常舉手發言，也很在乎所累積的點數，只是對於獎品卻興致缺缺，畢竟這些東西對她而言已經不能吸引她，她要的只是被看見。我也觀察到小葳與其他同學的互動，她為了爭勝，還會做一些小動作，像是位置故意坐得比其他同學高，搶先舉手，或是以手臂輕輕壓住隔壁同學的手，其他同學不是笑笑、就是躲開，似乎也拿她沒辦法。

老師感嘆現在教育的無力、以及學生的自我中心，我相信小葳不是唯一的一個。許多國中小老師已經體驗到類似的情況，使得教育變成以補習班的學習為優先，學校裡

的教育反而被漠視，這其實也是「形式主義」的延伸。最後我告訴老師可否請家長來校一談，老師只是悻悻然道：「我們都說過了，不知道（妳說）有沒有用。」

我的分析

小葳是典型的現代兒童。因為少子化的關係，許多孩子都被視為寶貝，而家長的管教就流於放任。加上學校教師的專業地位近幾年低落許多，家長們也將教育孩子的責任委給校外補習或安親機構，學校老師成為變相的「保母」。

小葳的父母親因為經濟充裕，因此給孩子許多的資源，然而也或許因為與孩子相處時間有限，許多「潛在教育」無法顧及、甚至忽略。孩子來學校上學，主要是因為可以學習發展自己潛能以及與人相處之道，許多的學習不是課本上的知識，而是生活或生命的智慧，像是認識自我、與人合作以及充實生活的方式。學業成績在進入社會之後就大大減輕了它的重要性，取而代之的是個人的能力與人際修養，這一點是補習教育不能取代的，況且許多補習班的目標還是以學業成績或考試錄取率為評估標準，倘若家長沒有強調成績或考試以外的價值觀，許多孩子就會誤以為「成績」可以決定一切。

　　我們在教育崗位上，是最容易杞人憂天的一群人。看到大學生下課出教室，幾乎每一個人都在低頭滑手機，就會擔心國家是不是要滅亡了？學生學習不認真，還會提醒他／她要看書，比較「白目」的學生就直接說：「現在網路要查什麼都有，還需要去看書嗎？」以前還會解釋說明，現在連勸都不必要了。一個國家的國力就在其人才，而人才不是只會考試而已。

　　我之前也碰過一位母親，為孩子的曠課找理由，甚至攜子「闖關」，遲到卻不讓糾察記下來，學校寄出的曠課通知她就直接丟到垃圾桶裡，不予理會，後來幾乎造成孩子畢不了業，學校請她來談，她卻罵國家教育制度有問題：「孩子能來上學就要獎勵她了，為什麼還要處罰？」問她為什麼沒有鼓勵孩子上學？她就說：「上學有這麼重要嗎？我的孩子補數學、英文，成績很好，考大學也不成問題！」

　　「但是來學校上學不是學課本上的知識而已呀，她可以有朋友、學習與人相處及合作，也可以有聊天談心的對象。」

　　「我不擔心！」家長振振有辭。但是建議她有沒有考慮「在家教育」？她卻推說「太費力了！我沒有那個美國時間！」怎麼說都是她的道理，真讓學校老師不知拿她怎麼辦好！

　　我在國外碰到一些「在家教育」的家長，他們通常自己能力很好、可以給孩子足夠的知識教育，多半還是得聯合其他家長，每一位家長負責一個科目的教學，才可以勝任孩子的教育，然而到高中階段，家長們還是會將孩子送到學校去接受正規教育，做重要的理由就是：「他們需要與其他人相處，也學會接納不同。」

　　當我們信賴的教育體系已經產生了這樣的嚴重危機，基本的學校教育又怎能讓最優秀的人才來擔任教職呢？瑞典的國小教師是碩士畢業以上，接受過專門與專業教育，而且要會教書、教學態度也很重要，薪資自然很高，而政府也會免費培育教師們繼續進修，甚至取得博士學位。每一層級的教師若是經過這樣的訓練出來，教育自然引領風騷，他國望塵莫及！

阿輝的際遇

　　我第一次見到阿輝，是他念三年級的時候，他被轉介來談，是因為老師發現他手臂上的傷痕。我在跟他談話時，他也會不時摳摳手臂、造成紅腫或滲血，我立即阻止他這樣的行為，阿輝詫異地看了我一眼，然後笑了，那種笑容讓人看了會難過、也有驚嚇。我詢及阿輝什麼時候會摳自己？他也說不上來，後來他說：「同學罵我『娘娘腔』。」

　　我說：「你一定覺得不舒服吧？」

　　「好像也習慣了。我爸爸也說我是。」阿輝說到自己父親時神情很落寞。我記得老師好像說過阿輝父親對他的管教有點太嚴格，於是我問道：「爸爸會處罰你嗎？是什麼情況下會處罰你？」阿輝碰到這個議題會閃避，於是我就找其他話題跟他聊，也要他學會照顧自己。後來我就沒有再與阿輝晤談。再見到阿輝時是他四年級下學期的時候，這時候的阿輝已經不是我當初的印象，他的身形更瘦弱，而且呈現出嚴重的妥瑞氏症狀，當時我相當驚愕。

　　阿輝母親是越南外勞，因為語言不通，親職工作幾乎是父親一手承擔，而父親似乎是因為中年得子、對孩子期待甚殷，所以在管教上就較為嚴格，甚至常常打罵，讓阿輝身上傷痕累累，後來阿輝母親也因此而離家出走。只要

阿輝因為想念母親而哭泣，阿輝父親的打罵就更嚴重，使得他潛藏的妥瑞氏症就表現得更明顯！我邀請父親與我談談，數度邀約未果，只好針對阿輝做治療。

我讓阿輝進入我的遊戲室，裡面有三百多個大大小小的玩偶。我請阿輝選出「父子檔」，他很快就找出七對玩偶的父子檔，我嘉許他的明快與良好觀察力。藉由父子檔的玩偶，我與阿輝提到他的父親，他說他知道自己做得不好，所以爸爸才會不滿意、打他，我說：「沒有人註定被打，即使是父母親也不能打你打得這麼嚴重。」我問阿輝平常是怎麼知道爸爸會不會打人？他會怎麼保護自己？附近有沒有親戚家可以借他躲一下、或者請求幫忙？阿輝說自己都躲在桌子底下，但是爸爸會把他拉出來，打得更慘。我很擔心阿輝的自傷行為（摳自己手臂）就是一種情緒的管控動作（害怕自己沒有感覺），因此教他在有摳手臂衝動時可以先做一些動作，像是去洗一把臉、跑一跑，或者是去跟別人談話，或是把注意力放在聽音樂、看電視上，他說會試試看。

我請社工聯絡社福相關機構，也調查阿輝父親的行為是否已經可以申請兒少保護？若有親戚願意協助暫時讓阿輝住、或是監護阿輝，自然更好。在此同時，我也建議社工為阿輝找一位較長期的協助資源，最好是遊戲治療師，

可以慢慢讓阿輝恢復正常生活。當然阿輝的非典型性別行為也可能是他受到疏離或是歧視的因素之一，這一點也要考慮有無其他性別相關的資源或教育可資利用，讓阿輝成長為一個不受生理性別約束、懷抱自信的人。

我的分析

　　性傾向不同的孩子很早就到自己與眾不同，但是娘娘腔並不是「同志」的同義複詞。每個孩子有自己的天生氣質，有些行為可能是經由模仿而產生。我們的社會基本上還是「父權」社會，也就是以男性為尊的「男權至上」主義，因此我們對於性別行為的約束在男性身上就比較明顯，當然對於女性的要求也不曾或減。

　　阿輝的父親是個受到傳統父權影響的男性，因此他的親職教育中就特別關注到阿輝的「非典型」男性行為（如「娘娘腔」），只是阿輝也無法立即改變自己的一些行為，因此父親的要求與作為就變得更為嚴厲。但是因為父親的處罰嚴厲，更讓阿輝畏縮、更無法展現所謂的男性行為，這看在父親眼裡就更「娘」、更不順眼，惡性循環之下，讓阿輝成為無辜又可憐的受害者，被打的痛需要去調適，因此他可能學會了以摳手臂的方式來「減壓」、訓練自己少一些「感覺」。阿輝父親因為孩子的行為而行使暴

力，可能就是「恐同」（害怕同性戀）的表現；大部分的異性戀者有「恐同」現象，許多同志本身也「恐同」，因為擔心自己是同志的立場與處境是很艱難的。

許多民眾誤將「娘娘腔」視為「同志」，讓許多男性遭受到極大的社會壓力或歧視。許多表現出女性陰柔面向的人不是同志，也許是天生氣質、也許是因為姐妹眾多，所以讓他們學會了較屬於女性的動作，然而當他們進入學齡期，就會直接受到他人對其適「性別」行為的監控，也影響了他們對自己的看法。

阿輝潛藏的妥瑞氏症因為壓力環境而提早出現、甚至有愈形嚴重的情況發生。罹患妥瑞氏症的人，知道自己會有抽搐、或是口出惡言的情況，但是這些是因為自己大腦功能的缺失，不是他們可以控制的，也因為他們意識到自己的行為、會為自己的行為感到抱歉或羞愧，這才是讓他們最覺得難堪與痛苦的！如果阿輝的父親知道兒子生病，而不是故意違抗，是不是會對孩子寬鬆一些？阿輝需要有藥物的協助，減緩他的妥瑞氏症候，但是父親是不是願意配合？或者願意進一步了解孩子的狀況、減少孩子的壓力源呢？這都還是未知數。

阿輝自傷的行為也是要立即處理的議題。自傷與自殺

目的不同，前者不是以「死亡」為目的，而許多遭遇過重大創傷者，也都有自傷的舉動或歷史。研究也發現許多的自傷動作主要是用來「管理情緒」，一是用來讓自己不要太激動，二是用來提醒自己「還活著、還有感覺」。目前已經有許多臨床工作者研發出不同方式處理自傷，「認知行為」的取向還是最有效，但是需要輔以同理心的技巧，讓自傷者知道自己的衝突或兩難被了解，也清楚自己的情緒為何？可以用其他建設性的方式來因應。

天才兒童的教育

　　六年級的小善是老師們公認的天才兒童，而父母親也帶他去做檢測，發現他的智商超過130，所以也很積極培養他的許多能力。但是小善的家長卻也發現兒子似乎很不快樂，總是在補習之前鬧脾氣，有些成績表現也有落後的情況發生，於是就帶孩子來，看有沒有辦法作改善。

　　我先跟小善的母親談，了解家長們平日與小善的相處情形，以及小善在家裡與學校的狀況。原來小善每天都要補習，最近他似乎迷上了籃球，喜歡在學校待晚一點，可是偶爾會耽誤到接下來的補習，媽媽很擔心他這樣的行為持續下去會有什麼結果？小善媽媽說，他們夫妻也不知道家裡會出現一個天才孩子。提到小善的成長過程，只發現孩子似乎對許多事物很好奇，與同齡的孩子相形之下，似乎也有許多不同，但是夫妻倆都不知道是什麼原因，後來有醫生建議帶去做檢測，才知道孩子很優秀，於是他們就竭盡所能讓孩子可以盡量學習多元的才藝，沒想到連一向順服的兒子似乎也出現了違抗的跡象，讓他們夫婦很擔心。我告訴小善母親：他們的許多努力的確是想要讓小善更能發揮自己的潛能，畢竟第一次教養天資聰穎的孩子，許多父母親都慌了手腳！我說我會跟小善談談，然後再與她商量。

　　小善長相斯文、也表現得極有禮貌，也許是因為家裡的獨子，較能夠與成人對談，因此我們之間的談話幾乎沒有障礙。他說自己不是不想去補習或學習，只是突然之間他變得很忙、很累，因為除了英文與學校的科目，他還要上鋼琴、珠算與美術課，每天放學都不是直接回家，三餐也都是外面的食物，他很想念媽媽煮的菜、也希望自己可以「不忙」一點，因為他很清楚爸媽對他的期待。

　　「你最想做什麼？」我問小善。

　　他的眼睛一亮：「我喜歡打籃球，跟一些同學一起打。」

　　「這是最近才有的新發現？」我問。

　　「以前看別人打，感覺不出來，後來有一次因為人手不夠、他們邀我打，我馬上就喜歡那種感覺。」小善在敘述時臉上有愉悅的神采。

　　小善說自己以前都從事較為靜態的室內活動，活動範圍也只有家裡跟學校，他有很多好朋友，可是都只有在學校裡可以一起玩，回到家也不太能跟朋友聊，有時候也不知道同學們所聊的話題，因為他不太喜歡玩電動、也很少看電視。但是當他發現打球是這麼有趣，而且打完球流過汗後、身心舒暢，讓他的生活更有期待、也更有趣！只是因為只有放學後有時間跟同學一起鬥牛或打球，通常只有半小時時間，可是媽媽又要接他去補習，有幾次是在比賽中間被打岔，他的心情低落、也抱怨了一下，然而看到媽

媽難過傷心的神色，他就不敢要求了。

我接著問：「怎樣的安排你認為對你最好？」

小善說自己還是會去學父母親要他學的，只是補習可以少一兩天，他就可以安排自己喜歡的活動，他也保證會顧好自己的成績。我請母親加入我們的談論，一起商議可以妥協的程度。

我的分析

小善在應對進退之間，的確展現了老大的沉著風範，對於自己目前所遭遇的情境也能夠做詳盡而得體的描述，我在他身上看見了超乎年齡的成熟。但是我也很清楚，小善只是個孩子，他有孩童的質樸與需求，他要的不多，只希望可以快樂度過童年。小善也知道父母親在「發現」他的天資之後，很努力要培養他，只是一連串無休止的補習，讓他身心俱疲，他的確需要有一些自我與調劑的空間及時間。然而，他的父母親卻擔心自己提供得不夠、讓孩子喪失了機會。我也把父母親的這層擔心告訴小善，小善也能夠理解，因此他才會有許多的矛盾：想要成為父母心目中的好兒子，卻也想要有喘息的空間。

我在跟小善媽媽談話時，肯定他們的努力與費心，也表達同理家長的擔心；在跟小善談話過程中，我也去體諒

小善的兩難與思考,所以最後是擔任協調者的角色,讓小善與家長間可以達成某種程度的讓步與妥協,目的是讓彼此都可以退一步、也鬆一口氣,一起合作達成目標。

教養孩子不容易,不只是天資較佳的孩子而已。我之前還遇到一位傑出單親父親,他從孩子年幼時就讓孩子背誦三字經、千字文與大學中庸,才三歲的孩子根本還不理解許多文字的意義、何況還是文言文?但是這位家長說自己年歲已大,是老來得子,如果不趁自己還有體力與精神時努力教育,可能會虧待了孩子!當我接觸那一對雙胞胎兄弟,也發現孩子的聰穎、善體人意,而他們所展現出來的氣質也令人刮目相看!

國內從二十多年前就開始資優教育,我當時也曾經參與資優學生的篩選。後來發現許多家長也很努力想要讓孩子擠進資優班,但是孩子卻很不快樂!因為許多父母親誤解了「資優」的意義,甚至將「訓練」與「資優」視為同等,只是一味讓孩子以填鴨的方式進行惡補,而坊間的許多出版品正好就對應了家長們的需求,多方轟炸的情況下,孩子怎麼會快樂?最近十多年來的教育改革,其目的是要讓孩子在快樂中學習,但是孩子的負擔卻沒有因此而變輕,反而是促成補習班與安親班生意更如雨後春筍般興隆。看到孩子放學卻不直接回家,一家人相聚的時間相對

減少許多，而「家」的意義似乎也面臨了挑戰！

　　近十多年來，我們的人才競爭力劇烈下滑。以往台灣在數學與科學的評比與競賽中都是數一數二，現在卻落到亞洲殿後，許多的學生也不在本國接受大學以上的教育，而前往歐美或大陸。社會與家長的「形式（文憑）主義」觀念未改，我們的教育不會有新機。教改讓學生學習不道地、卻更疲於奔命，這樣的教改只會讓教育膚淺化、窄化、沒有願景。當國外許多國家在回歸傳統教育價值的同時，我們卻在破壞自己舊有的許多優秀傳承（包括師培專門化）、接收他人不想要的理念（如「多元即美」），我們未來的競爭力的確堪憂！

給諮商師的小提醒

一、國小輔導與諮商工作進行不易，因為一位專輔老師要服務全校超過五十班的學生與教職員，還有例行的輔導行政要做，因此在實際運作上需要結合不同資源與人力，才可能有最佳效果，因此與同事、家長、學生與社區人士（含社福單位）的協調與合作就相當重要，也要善用社區與當地的資源。資源的分配上也是如此，因為服務對象眾多，不可能在同一學生或當事人身上花費過多的時間與人力，因此經濟－成本的「效果」就非常重要，選用適當的協助模式也是展現治療成效的關鍵。

二、許多社區民眾（包括學生、家長或是學校同仁）對於諮商的服務專業還是存有許多的迷思與疑慮，這些也是專輔老師與同仁需要戮力的目標，破除助人專業的刻板印象與迷思是讓普羅大眾接受諮商協助的第一步，舉辦家長座談、親職教育、友善校園（如生命教育、性別主流化等）相關的心理衛生宣導與教育活動，或是發行有關的文宣手冊，也都有助於釐清迷思，同時鼓勵民眾加以利用。

三、專輔老師任課與否，牽涉到當地政府機關或學校的政策。如果專輔老師也上課，當然可以進一步認識與了解所服務的族群，然而可能容易有角色的衝突；倘若專輔

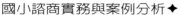

老師不任教，讓專業歸於專業，可以有更多時間規劃與進行必要的活動，也是該校之福。

　　四、在國小做輔導工作，最容易出差錯的就是「保密」，包括個人資訊與輔導紀錄的保存與保密，許多非助人專業者不清楚諮商倫理議題，因此也容易違反、甚至剝削了當事人的權益與福祉，這可能也需要專輔老師與同事常常做溝通與教育、取得共識。

　　五、諮商師本身固然有其漸漸或已經成型的諮商取向，然而在面對不同服務族群時也要做適當的調整或修正，因為一般的諮商訓練是以成人為對象，但是諮商師執業所在可能要將其地域性與族群考慮在內。面對國小學生，除非有較為嚴重個案需要以像是遊戲治療等長期方式進行，其他則是要考量採用較為短期、經濟有效的取向（如認知行為、焦點解決）進行治療，才可以兼顧到更多服務對象。

　　六、延續上述，諮商師固然有自己的理論與諮商取向，但是不要受到理論的捆綁而失去自主性與創意。諮商師也要注意專業助人是以「熱情」與「用心」為基礎，專業知能與技巧是其次，千萬不要本末倒置。專業助人者若失去了熱情，也就失去了對工作所賦予的意義，不僅容易

耗竭、也會損及當事人福祉。

　　七、先去認識與了解自己服務的族群，最好可以與諮
商界同儕有固定督導或是同儕督導的習慣，這樣可以彼此
支持，而在遭遇困境時也有商量的對象。

國家圖書館出版品預行編目資料

國小諮商實務與案例分析／邱珍琬著. －－初
版. －－臺北市：五南, 2014.01
　　面；　公分
ISBN 978-957-11-7412-9（平裝）
1.學校輔導　2.心理諮商　3.個案研究
523.7　　　　　　　　　　102022950

1BZQ

國小諮商實務與案例分析

作　　　者 ― 邱珍琬（419.29）

發 行 人 ― 楊榮川

總 編 輯 ― 王翠華

主　　　編 ― 王俐文

責任編輯 ― 金明芬

封面設計 ― 斐類設計工作室

出 版 者 ― 五南圖書出版股份有限公司

地　　　址：106臺北市大安區和平東路二段339號4樓

電　　　話：(02)2705-5066　　傳　　　真：(02)2706-6100

網　　　址：http://www.wunan.com.tw

電子郵件：wunan@wunan.com.tw

劃撥帳號：01068953

戶　　　名：五南圖書出版股份有限公司

臺中市駐區辦公室/臺中市中區中山路6號

電　　　話：(04)2223-0891　　傳　　　真：(04)2223-3549

高雄市駐區辦公室/高雄市新興區中山一路290號

電　　　話：(07)2358-702　　傳　　　真：(07)2350-236

法律顧問：林勝安律師事務所　林勝安律師

出版日期：2014年1月初版一刷

定　　　價：新臺幣360元